CAMINANDO HACIA LOS BRAZOS DEL PADRE

ANDRÉS Y MARIALINA HERNÁNDEZ

MINISTERIOS INTERNACIONALES
EL REDENTOR, INC.

12101 SW 56 Street • Miami, Fl 33175
WWW.MIELREDENTOR.COM
mielredentor@gmail.com

Fotos de portada, contra portada e interiores por Valerie Chaparro.
Diseño gráfico del interior del libro por Lucio F. Spitaleri.

ISBN 978-1-7345689-1-2

Impreso en Colombia

ROMANOS 14:17

Porque el reino de Dios no es comida ni bebida,
sino justicia, paz y gozo en el Espíritu Santo.

Contenido

SEGUNDA PARTE

Llega a Tu Destino

Agradecimientos

A **DIOS**, por su amor infinito por nosotros y su revelación de misericordia y verdad a nuestras vidas. Por responder a cada ser humano que clama a Él con el corazón contrito y humillado sin importar si es durante el día o en medio de la madrugada, sin reparar en cuantos clamamos al mismo tiempo. Por levantarnos del lodo cuando no teníamos fuerzas para hacerlo por nosotros mismos. Por esperar pacientemente mientras perdíamos el tiempo en cosas banales que resultaban en más dolor y destrucción para nuestras vidas y los que amamos. Por sanarnos y liberarnos con su amor. Por cuidar nuestros corazones mientras crecíamos en Cristo, proceso que aún continúa y continuará mientras esperamos el regreso de Jesús.

A **MI ESPOSO**, por orar por una esposa que viniera a ti de parte de Dios. Por tu mirada y amor que me recuerdan que soy única y especial, porque yo fui creada por Dios para ser tu ayuda idónea. Por ser un padre amoroso, dedicado, y ocupado en amar, enseñar y modelar virtud a nuestras cuatro hijas. Por ser un hombre muy valiente, no porque no sientes temor, sino porque lo enfrentas y lo combates cada día creyéndole a Dios y esforzándote por obedecer su palabra.

A **MI ESPOSA**, muchas veces pienso que no merezco tu amor porque cuando caminas a mi lado puedo sentir el amor de Dios. Has sido y eres la ayuda idónea que necesitaba y necesito. Tu apoyo, tu fe, tu integridad me dan aliento de vida y sé que todo eso viene de Dios. Eres una madre abnegada, una hija amorosa y preocupada, una hermana que anima y corrige en amor, eres la mujer a quien sus hermanas de la fe buscan para un consejo sabio y una palabra de aliento. Pero sobre todo, eres mi esposa; el regalo que yo le pedí a Dios y que Él me concedió.

A **NUESTRAS HIJAS**, ustedes son un hermoso motor que nos impulsa a madurar y a exponernos a ser examinados por Dios cada día. Ustedes son las que con más fervor nos llevan de rodillas a la presencia del Padre, son columnas de nuestro ministerio y testimonio vivo de la grandeza y el poder de Dios en nuestras vidas. Ustedes son nuestros tesoros, el brillo en nuestros ojos, fuentes de inspiración, retos y desafíos diarios que no nos dejan acomodarnos en el egoísmo o la pereza. Pero más que todo lo anterior ustedes son nuestra HIJAS y nos deleitamos en el simple hecho de que existen.

A **NUESTROS PADRES Y ABUELOS** que nos dieron lo mejor que tenían en sus corazones y se esforzaron por hacer de nosotros personas de bien. Gracias por sus consejos, por las noches de desvelo, por proveer para que tuviéramos un techo, alimento, hogar. Gracias por corregirnos y porque anhelaron y anhelan lo mejor para nuestras vidas. Queremos que sepan que sus aciertos y desaciertos todos ha sido usado por Dios en nuestras vidas para bien, para hacernos crecer y madurar, y para llevarnos adelante con el llamado que Él tiene para nosotros. Los amamos y agradecemos a Dios por haberlos tenido y tenerlos y por la esperanza de que veremos de nuevo a aquéllos que ya no están a nuestro lado y que extrañamos profundamente.

A **NUESTRO PASTORES**, gracias por sus enseñanzas. Gracias porque nos modelaron muchas cosas buenas que impactaron nuestras vidas y nuestra familia. Gracias por enseñarnos a poner nuestra confianza en Dios y no en ustedes aceptando con esa frase célebre que aún recordamos todos los días: "No me miren a mí porque yo les voy a fallar", que todos somos humanos e imperfectos y que sólo Dios es perfecto. Gracias porque cada vez que los vemos, ustedes nos inspiran a perseverar en el servicio a Dios. Así que atesoramos todo lo hermoso que nos entregaron y nos sentimos dichosos de su rol en nuestras vidas.

A **NUESTROS HERMANOS EN LA FE**, gracias a todos ustedes por su cariño, por ser parte de nuestro crecimiento y tener un lugar especial en nuestros corazones sin importar si fuimos consolados por ustedes o si ustedes encontraron consuelo y amor en nosotros. Gracias por caminar a nuestro lado recordando que los lugares donde nos congregamos son edificios hechos por manos de hombres. La iglesia de Cristo somos todos los que hemos confesado con nuestra boca y creído en nuestro corazón que Jesús es el Señor. El amor de Dios nos une y siempre nos unirá porque el amor nunca deja de ser.

Introducción

Durante muchos años nos inquietó ver a las personas andar por la vida confundidas y abrumadas. Parecía como si la vida fuera un rompecabezas que nadie sabía cómo armar bien y que al intentar hacerlo producía mucho sufrimiento, y cansancio. Era como un vasto desierto en el que de vez en cuando el viajero encontraba un pequeño oasis que, después de un tiempo, se desvanecía ante sus ojos obligándolo a seguir su viaje por arenas movedizas, en medio de fuertes vientos y un ardiente sol.

Marialina: "Recuerdo de pequeña analizando mi vida y la de otros niños a mi alrededor. Veía padres afanados, cansados, matrimonios rotos o usualmente en la cuerda floja. Veía desesperanza, necesidad de cosas materiales, pero más aún, necesidad de cosas espirituales: amor, paz, paciencia, benignidad, bondad, templanza, fe, mansedumbre, y gozo (Gálatas 5:22-23). Obviamente, no usaba ese vocabulario en mi mente infantil, pero definitivamente podía percibir que algo faltaba, y concluir que sin ese algo, la vida carecía de orden y de sentido, y las personas parecían ir de un lado a otro sin rumbo y sin dirección.

Nací en Cuba en medio de ateísmo, escasez de todo y una gran falta de libertad. Mi infancia estuvo llena de eventos difíciles de asimilar para una niña: un papá que maldecía a Dios y dudaba de su existencia; una mamá que sufría por eso y nos enseñaba a rezar; personas a las que se acusaban de ser malas por querer irse a otro país; consignas que daban miedo porque hablaban de la muerte; temor a un enemigo que nunca vi, pero que decían que estaba a noventa millas; hombres que salían de sus hogares a la guerra para muchas veces no regresar..."

Andrés: "También yo nací en Cuba al comienzo de la década del setenta, en el seno de una familia que creía en el socialismo y para quienes Dios era un personaje de un libro muy antiguo, y su iglesia el instrumento usado por el hombre para sojuzgar a los pueblos. Viví el dolor de las infidelidades de mi padre hacia mi madre y frecuentemente me vi fuera de mi hogar para regresar a él sólo después que la tormenta del adulterio se calmaba. Mi padre fue de ésos que partieron a la guerra. Yo tenía sólo cinco años y aún recuerdo la angustia que sentí ese día.

Mis propias experiencias y el ambiente social donde crecí me llevaron a buscar respuestas que no pude encontrar en los libros de filosofía comunista, ni en los modelos de hombres a mi alrededor."

Pero como todo caminante en nuestra visión árida de la vida, nosotros también disfrutamos de oasis y tenemos recuerdos hermosos que refrescaron nuestro corazón y nos dieron fuerzas para seguir adelante en el camino. Nuestros padres no fueron perfectos, ningún humano lo es, pero nos dieron lo mejor que tenían; así que, entre buenos y malos ejemplos, besos y alones de pelo, abrazos y gritos, palabras de ánimo y desaliento, críticas constructivas y destructivas, "amor" y rechazo, crecimos nosotros físicamente, anhelando entender el rompecabezas de la vida para ser y hacer mejor que nuestros progenitores.

Sin embargo, muchos años después comprendimos que no se puede entender la vida sin conocer al dador de ella, y no se puede poner en orden si obviamos sus instrucciones y manual de operaciones. Así llamamos a la Biblia; para nosotros la palabra de Dios es mucho más que un libro milenario que ha recorrido el planeta entero y que se ha traducido en todos los idiomas. Es el manual del Creador y una herramienta clave para que cada ser humano pueda armar su rompecabezas mientras camina por el desierto con alegría porque de su corazón fluye un río de agua viva.

Después de más de diez años, hoy tenemos una hermosa familia por la gracia y la misericordia de Dios. Nos conocimos en medio de una gran tormenta emocional. Nuestras vidas estaban rotas y marcadas por el dolor, el fracaso, la decepción y la desesperanza. Pero Dios tenía un plan de bien para nosotros. Nos salvó, nos unió, lavó nuestras heridas, nos sanó, restauró nuestras vidas, y nos llamó a ser instrumentos útiles en sus manos para traer amor y esperanza a aquéllos que como nosotros necesitan consuelo y dirección.

Somos un vivo testimonio de Romanos 8:28: "Y sabemos que a los que aman a Dios, todas las cosas les ayudan a bien, esto es, a los que conforme a su propósito son llamados."

Todos los días seguimos siendo sanados y edificados por la gracia y la misericordia de Dios. Amamos a Dios con todo nuestro corazón y nuestro mayor anhelo es obedecerlo y servirlo. Deseando, cada día con pasión y entrega a su servicio, que nuestras vidas sean usadas para dar gloria y honra a su nombre, para que muchos que no creen, crean; y para que muchos que creen vivan la vida en abundancia que Cristo nos ha regalado.

Si eres cristiano, pero en tu vida no hay gozo y tu corazón está sangrando de dolor, este libro es para ti. Dios no quiere el sufrimiento de sus hijos y aunque el sufrimiento es parte de este mundo caído y desordenado, Él quiere consolarte, renovar tus fuerzas, sanarte, y animarte a caminar hacia sus brazos en donde encontrarás plenitud de gozo y comenzarás a vivir en vez de simplemente seguir respirando. Él quiere tener una relación real contigo que va más allá de religiones y nombres de iglesias a las que has asistido o asistes. Él quiere LLENAR tu corazón; que tu vida no sea más correr al siguiente oasis, sino que sin importar por donde camines ni las circunstancias que te rodean tú siempre te sientas pleno/a sin que te falte cosa alguna.

Si nunca has escuchado de Dios o si lo que has escuchado de Él te asusta o te parece irrelevante en este momento de tu vida, no dejes de leer. Te prometemos que al final de este libro tendrás esperanza, aprenderás a vivir con alegría, y tus ojos se abrirán a la verdad de tu propia existencia. Tendrás respuesta a preguntas como: ¿Por qué estoy aquí?, ¿Cómo llegué a este lugar y a esta situación?, ¿Quién es responsable por lo que he hecho, hago, y haré?, ¿Cómo mejorar mi vida y la de quienes amo?, ¿Por qué perdonar a quienes me han herido? y otras muchas más; pero aún mejor, tendrás tu corazón lleno de amor. Un amor que no se cansa, que no tiene apuro porque es paciente, que perdona y todo lo puede. Un amor incondicional y eterno que te acompañará por siempre y que es la fuente inagotable de vida. Perdón, corregimos algo muy importante; antes de seguir adelante, no lo prometemos nosotros porque nosotros somos imperfectos, nos equivocamos y nos olvidamos igual que tú; promete Aquél que es poderoso para hacer mucho más abundantemente de lo que pedimos o esperamos de Él. (Efesios 3:20)

Nos disponemos a compartir contigo con humildad y amor lo que hemos recibido de Dios en años de relacionarnos con Él y ser transformados, sanados y edificados por su amor. Queremos animarte a reconciliarte con Dios a través de su hijo Jesús, quien dio su vida por ti, para que puedas disfrutar de una relación personal con El Padre Celestial y gozarte con cada paso que das en el viaje a su encuentro.

JUAN 14:5-6

DIJO ENTONCES TOMÁS: SEÑOR, NO SABEMOS A DÓNDE VAS, ASÍ QUE ¿CÓMO PODEMOS CONOCER EL CAMINO? YO SOY EL CAMINO, LA VERDAD Y LA VIDA ÓLE CONTESTÓ JESÚS. NADIE LLEGA AL PADRE SINO POR MÍ.

Esta definición que hace Jesús de sí nos hace ver que hay un camino que recorrer, una verdad que conocer, una vida en abundancia que vivir y todo ello nos lleva a un destino: Los Brazos del Padre Celestial. Profundizar en estos sustantivos con los que Jesús se define y ayudarte a llegar a ese destino glorioso que Él nos regala, son los objetivos de este libro. Queremos motivar a cada persona que lo lea no sólo a conocer a Jesús como su SALVADOR y REDENTOR sino también como el CAMINO, la VERDAD, y la VIDA. ¿Estás listo para esta experiencia que bendecirá de manera sobrenatural tu vida?

AQUÍ VAMOS...

PRIMERA PARTE

Reconcíliate con Dios

2 CORINTIOS 5:18-19

Y TODO ESTO PROVIENE DE DIOS, QUIEN NOS RECONCILIÓ CONSIGO MISMO POR CRISTO, Y NOS DIO EL MINISTERIO DE LA RECONCILIACIÓN; QUE DIOS ESTABA EN CRISTO RECONCILIANDO CONSIGO AL MUNDO, NO TOMÁNDOLES EN CUENTA A LOS HOMBRES SUS PECADOS, Y NOS ENCARGÓ A NOSOTROS LA PALABRA DE LA RECONCILIACIÓN.

CAPÍTULO 1

El Salvador

Necesitamos un Salvador

El ser humano necesita un salvador. Su comunión con Dios fue rota por el pecado de Adán y esa separación nos condujo a la muerte. En el libro de Romanos 5:12 leemos: "Por tanto, como el pecado entró en el mundo por un hombre (Adán) y por el pecado la muerte, así la muerte pasó a todos los hombres, por cuanto todos pecaron".

Ese salvador es Jesucristo, Él nació, vivió, murió, y resucitó para restaurar nuestra relación con el Padre Celestial. Su muerte en la cruz es el pago que redime al hombre del pecado y le da la oportunidad de restablecer el vínculo de amor que tenía con Dios y que rompió al desobedecer su mandamiento en el huerto del Edén. Su resurrección es la victoria del amor sobre la muerte y nuestra esperanza de salvación y vida eterna.

ROMANOS 5:17-19

PUES SI POR LA TRANSGRESIÓN DE UNO SOLO REINÓ LA MUERTE, MUCHO MÁS REINARÁN EN VIDA POR UNO SOLO, JESUCRISTO, LOS QUE RECIBEN LA ABUNDANCIA DE LA GRACIA Y DEL DON DE LA JUSTICIA. ASÍ QUE, COMO POR LA TRANSGRESIÓN DE UNO VINO LA CONDENACIÓN A TODOS LOS HOMBRES, DE LA MISMA MANERA POR LA JUSTICIA DE UNO VINO A TODOS LOS HOMBRES LA JUSTIFICACIÓN DE VIDA. PORQUE, ASÍ COMO POR LA DESOBEDIENCIA DE UN HOMBRE LOS MUCHOS FUERON CONSTITUIDOS PECADORES, ASÍ TAMBIÉN POR LA OBEDIENCIA DE UNO, LOS MUCHOS SERÁN CONSTITUIDOS JUSTOS.

Gracias al sacrificio de Jesús todo ser humano tiene la oportunidad de escoger la vida. Sin importar cómo te encuentras en este momento, ni cuáles son tus circunstancias, hoy Dios te regala su amor a través de Jesús, sólo necesitas recibirlo en tu corazón.

¿Qué es la salvación?

La salvación es un regalo de amor y gracia inmerecido que nos reconcilia con Dios y nos da la vida eterna. La salvación es la decisión más importante de la vida de un ser humano. **¡LA SALVACIÓN ES LA DECISIÓN MÁS IMPORTANTE EN TU VIDA!**

JUAN 3:16-18

"PORQUE DE TAL MANERA AMÓ DIOS AL MUNDO, QUE HA DADO A SU HIJO UNIGÉNITO, PARA QUE TODO AQUÉL QUE EN ÉL CREE, NO SE PIERDA, MAS TENGA VIDA ETERNA. PORQUE NO ENVIÓ DIOS A SU HIJO AL MUNDO PARA CONDENAR AL MUNDO, SINO PARA QUE EL MUNDO SEA SALVO POR ÉL. EL QUE EN ÉL CREE, NO ES CONDENADO; PERO EL QUE NO CREE, YA HA SIDO CONDENADO, PORQUE NO HA CREÍDO EN EL NOMBRE DEL UNIGÉNITO HIJO DE DIOS."

La salvación es por fe y no por obras. Dios ha dado a todo ser humano el don de la fe. Y te preguntarás: ¿qué es la fe? Hebreos 11:1 nos enseña que la fe es la certeza de lo que se espera, la convicción de lo que no se ve.

¿Alguna vez has visto a un no creyente comprar un paquete de vacaciones para viajar dentro de dos o seis meses? Eso es fe. Él cree que vivirá para ese día y que podrá disfrutar sus vacaciones. Aún no se ha montado en el avión, ni siquiera ha empacado para el viaje, quizás nunca antes en su vida ha visto con sus ojos el lugar al que llegará, pero él cree que será maravilloso y que tendrá un muy buen tiempo allí.

Todos tenemos fe, mas no todos ponemos nuestra fe en Jesucristo.

Como todo regalo, la salvación proviene de quien la otorga y es totalmente inmerecida. Es por la gracia y la misericordia de Dios que tenemos acceso a la salvación. En nuestra humanidad caída ninguno de nosotros merece la salvación.

EFESIOS 2:1-9

"Y ÉL OS DIO VIDA A VOSOTROS, CUANDO ESTABAIS MUERTOS EN VUESTROS DELITOS Y PECADOS, EN LOS CUALES ANDUVISTEIS EN OTRO TIEMPO, SIGUIENDO LA CORRIENTE DE ESTE MUNDO, CONFORME AL PRÍNCIPE DE LA POTESTAD DEL AIRE, EL ESPÍRITU QUE AHORA OPERA EN LOS HIJOS DE DESOBEDIENCIA, ENTRE LOS CUALES TAMBIÉN TODOS NOSOTROS VIVIMOS EN OTRO TIEMPO EN LOS DESEOS DE NUESTRA CARNE, HACIENDO LA VOLUNTAD DE LA CARNE Y DE LOS PENSAMIENTOS, Y ÉRAMOS POR NATURALEZA HIJOS DE IRA, LO MISMO QUE LOS DEMÁS. PERO DIOS, QUE ES RICO EN MISERICORDIA, POR SU GRAN AMOR CON QUE NOS AMÓ, AÚN ESTANDO NOSOTROS MUERTOS EN PECADOS, NOS DIO VIDA JUNTAMENTE CON CRISTO (POR GRACIA SOIS SALVOS), Y JUNTAMENTE CON ÉL NOS RESUCITÓ, Y ASIMISMO NOS HIZO SENTAR EN LOS LUGARES CELESTIALES CON CRISTO JESÚS, PARA MOSTRAR EN LOS SIGLOS VENIDEROS LAS ABUNDANTES RIQUEZAS DE SU GRACIA EN SU BONDAD PARA CON NOSOTROS EN CRISTO JESÚS. PORQUE POR GRACIA SOIS SALVOS POR MEDIO DE LA FE; Y ESTO NO DE VOSOTROS, PUES ES DON DE DIOS; NO POR OBRAS, PARA QUE NADIE SE GLORÍE."

¿Cómo podemos ser salvos?

ROMANOS 10:8-10

"ESTA ES LA PALABRA DE FE QUE PREDICAMOS: QUE, SI CONFESARES CON TU BOCA QUE JESÚS ES EL SEÑOR, Y CREYERES EN TU CORAZÓN QUE DIOS LE LEVANTÓ DE LOS MUERTOS, SERÁS SALVO. PORQUE CON EL CORAZÓN SE CREE PARA JUSTICIA, PERO CON LA BOCA SE CONFIESA PARA SALVACIÓN."

Al aceptar a Cristo como nuestro Señor y Salvador su sacrificio en la cruz nos libera de la condenación (la muerte) que entró al mundo por el pecado de Adán y Eva, la primera pareja humana.

Si nunca has hecho esta decisión, te invito a que lo hagas en este mismo instante orando la siguiente oración en voz audible a tus oídos:

ORACIÓN

Padre Celestial y Dios Eterno,

Reconozco que soy pecador y necesito un salvador así que hoy recibo a Jesús como mi Señor y Salvador y le entrego a Él mi corazón y mi vida. Él es tu hijo quien murió por mí en la cruz y resucitó al tercer día. Su sangre me limpia de pecado, y su sacrificio y resurrección me regalan la vida eterna. Gracias Dios por este regalo de amor.

Esta declaración que acabas de hacer o de confirmar, si ya lo habías hecho antes, te hace miembro de la familia de la fe en Cristo. Así que si esta es tu primera vez, te damos la bienvenida con mucho gozo y amor.

Hay sólo dos tipos de personas en el mundo: los salvos y los no salvos.

Los no salvos (Familia de Adán): son quienes no han recibido a Jesucristo como su Salvador.

Llegamos al mundo siendo parte de esta familia porque entramos a ella por el nacimiento natural a través de nuestros padres biológicos, que son descendientes de Adán y Eva.

En Génesis 5:3 se nos enseña que nosotros somos descendientes de Adán y nacemos "a su semejanza"; por lo tanto, heredamos su naturaleza pecaminosa. Sin embargo, Dios tiene un plan de redención para nuestras vidas y ese plan incluye un nuevo nacimiento y por ende una nueva familia y una nueva vida.

> **ROMANOS 6:23**
>
> *PORQUE LA PAGA DEL PECADO ES MUERTE, MAS LA DÁDIVA DE DIOS ES VIDA ETERNA EN CRISTO JESÚS SEÑOR NUESTRO.*

> **1 CORINTIOS 15:22**
>
> *PORQUE ASÍ COMO EN ADÁN TODOS MUEREN,*
> *TAMBIÉN EN CRISTO TODOS SERÁN VIVIFICADOS.*

Los salvos (Familia de Jesús): somos quienes hemos creído en Jesucristo como nuestro salvador.

> **JUAN 1: 12-13**
>
> *"MAS A TODOS LOS QUE LE RECIBIERON, A LOS QUE CREEN EN SU NOMBRE (ÉSTA ES TU DECISIÓN AL CONFIAR EN JESUCRISTO COMO TU SALVADOR) LES DIO POTESTAD DE SER HECHOS HIJOS DE DIOS: LOS CUALES NO SON ENGENDRADOS DE SANGRE NI DE VOLUNTAD DE CARNE, NI DE VOLUNTAD DE VARÓN, SINO DE DIOS".*

En Juan 3:3 nos dice Jesús: "De cierto, de cierto te digo, que el que no naciere de nuevo, no puede ver el reino de Dios".

Así entras en la familia de Dios. Así hemos entrado todos los cristianos. No es un nacimiento físico sino espiritual y este nuevo nacimiento te hace miembro de la familia de Dios, así como tu nacimiento físico te hizo parte de la familia de tu padre biológico. Ahora eres hijo de Dios por nacimiento espiritual.

Como resultado de tu nuevo nacimiento, heredas la naturaleza divina de Dios y tienes el regalo de la vida eterna. Los siguientes versículos sustentan esta verdad.

> **JUAN 6:47:** *"El QUE CREE EN MÍ, TIENE VIDA ETERNA",*

> **JUAN 3:36:** *"EL QUE CREE EN EL HIJO TIENE VIDA ETERNA"*

> **1 JUAN 5:12:** *"EL QUE TIENE AL HIJO, TIENE LA VIDA".*

También como parte de esta nueva naturaleza recibes al Espíritu Santo de Dios. Tu cuerpo es ahora templo del Espíritu Santo. El Espíritu Santo de Dios vive dentro de ti.

En 1 Corintios 6:19, Pablo, hablando a los cristianos, dice: "¿O ignoráis que vuestro cuerpo es templo del Espíritu Santo, el cual está en vosotros, el cual tenéis de Dios, y que no sois vuestros?"

Efesios 1:13 nos confirma que, habiendo oído la palabra de verdad, el evangelio de vuestra salvación, y habiendo creído en él, fuimos sellados con el Espíritu Santo de la promesa.

La biblia nos enseña que el Espíritu Santo de Dios nos guía a toda verdad. En Juan 16:13, Jesús anuncia: "Pero cuando venga el Espíritu de verdad, él os guiará a toda la verdad."

Como hemos visto al leer los versículos anteriores muchas cosas cambian en nosotros cuando tomamos la decisión de ser salvos.

> **2 CORINTIOS 5: 17**
>
> *"DE MODO QUE SI ALGUNO ESTÁ EN CRISTO, NUEVA CRIATURA ES; LAS COSAS VIEJAS PASARON; HE AQUÍ TODAS SON HECHAS NUEVAS."*

Sin embargo, sabemos que el ser humano es cuerpo, alma, y espíritu. Nuestro espíritu es renovado cuando aceptamos a Cristo, pero nuestra alma y nuestra carne permanecen. La renovación de éstas viene con nuestra relación con Dios, nuestra disposición de entregar nuestras cargas a Jesús, y nuestra obediencia al someternos a la voluntad de Dios para nuestras vidas y caminar hacia sus brazos. En los siguientes capítulos hablaremos con profundidad de este tema.

> **EFESIOS 4:22-24**
>
> *"EN CUANTO A LA PASADA MANERA DE VIVIR, DESPOJAOS DEL VIEJO HOMBRE, QUE ESTÁ VICIADO CONFORME A LOS DESEOS ENGAÑOSOS, Y RENOVAOS EN EL ESPÍRITU DE VUESTRA MENTE, Y VESTÍOS DEL NUEVO HOMBRE, CREADO SEGÚN DIOS EN LA JUSTICIA Y SANTIDAD DE LA VERDAD."*

No perdemos la naturaleza pecaminosa después de nacer de nuevo espiritualmente. Esto es obvio, puesto que aún seguimos fallando, seguimos pecando. Tenemos ahora dos naturalezas: la vieja naturaleza que es física, pecaminosa, imperfecta y a la imagen de Adán, y la nueva naturaleza que es espiritual, perfecta y hecha a la imagen de Dios.

Las dos naturalezas siempre están presentes y están batallando constantemente. **La naturaleza que prevalecerá es la que alimentes más.**

Ésta es la lucha entre el espíritu y la carne o Sark; sin embargo, así como en nuestra naturaleza humana el portarnos mal no hacía que dejáramos de ser hijos de nuestros padres biológicos, tampoco el que pequemos después de ser salvos hace que dejemos de ser hijos de Dios. Dios no te echa fuera de su familia cuando pecas, pero tu comunión práctica con Él queda afectada. Dios ama al pecador, pero aborrece el pecado porque el pecado nos aleja de Él.

Controversia sobre la Salvación

Si bien como dijimos anteriormente la salvación es la decisión más importante para todo ser humano, es también un tema que genera mucha controversia entre cristianos y también entre inconversos. El hombre quiere poder determinar quién es y quién no es salvo y mientras se enfrasca en esta tarea sólo genera juicio y condenación para su vida olvidando o ignorando la esencia misma de la salvación.

El ser salvos implica que hemos confesado con nuestra boca que Jesús es El Señor y que hemos creído en nuestro corazón que Dios lo levantó de los muertos. Confesar es un acto que realizamos con nuestra lengua y que puede ser confirmado por testigos presenciales del hecho; sin embargo, creer en nuestro corazón es una decisión de fe que hacemos con nuestra alma e involucra a nuestro espíritu. Sólo Dios puede ver nuestro corazón, sólo Dios puede saber si realmente hemos sido sinceros al confesar o si simplemente estamos siendo hipócritas o nos hemos dejado llevar por embullo de otras personas.
La Biblia nos enseña en:

FILIPENSES 2:12

POR TANTO, AMADOS MÍOS, COMO SIEMPRE HABÉIS OBEDECIDO, NO COMO EN MI PRESENCIA SOLAMENTE, SINO MUCHO MÁS AHORA EN MI AUSENCIA, OCUPAOS EN VUESTRA SALVACIÓN CON TEMOR Y TEMBLOR

En este versículo el apóstol Pablo nos exhorta a ocuparnos en nuestra propia salvación y destaca la importancia de ser obedientes cuando nadie nos ve. Pablo exhortaba a los miembros de la congregación en Filipos a ser más obedientes en su ausencia que en su presencia.

Ocuparnos en nuestra salvación no significa que nosotros debamos ganarla porque la salvación es un regalo de Dios disponible a todo hombre que pone su fe en Cristo; sino quiere decir que no perdamos el tiempo en cosas banales e infructíferas. Seamos más como Cristo, Él es manso, humilde, obediente... Dejemos a un lado las murmuraciones, las contiendas, las peleas, los juicios y las críticas.

En nuestros años de servicio a Dios hemos visto que la mayoría de las personas que viven enfocadas en otras, huyen de enfrentar sus propias responsabilidades y se escudan detrás de la conducta de los demás. Su problema no es realmente la vida de otros sino su orgullo que les impide conocer a Dios y entregarle a Él el trono de su corazón.

La motivación de nuestro corazón al relacionarnos con nuestro prójimo siempre debe ser el amor. El amor cubrirá todas las faltas (Proverbios 10:12) El amor todo lo cree, perdona, no se envanece, no es jactancioso.... (1 Corintios 13). Ocupémonos en nuestras propias responsabilidades ante Dios y dejemos que Dios sea juez sobre la humanidad.

MATEO 7:2-6

PORQUE CON EL JUICIO CON QUE JUZGÁIS, SERÉIS JUZGADOS, Y CON LA MEDIDA CON QUE MEDÍS, OS SERÁ MEDIDO. ¿Y POR QUÉ MIRAS LA PAJA QUE ESTÁ EN EL OJO DE TU HERMANO, Y NO ECHAS DE VER LA VIGA QUE ESTÁ EN TU PROPIO OJO? ¿O CÓMO DIRÁS A TU HERMANO: ¿DÉJAME SACAR LA PAJA DE TU OJO, Y HE AQUÍ LA VIGA EN EL OJO TUYO? !!HIPÓCRITA! SACA PRIMERO LA VIGA DE TU PROPIO OJO, Y ENTONCES VERÁS BIEN PARA SACAR LA PAJA DEL OJO DE TU HERMANO.

SANTIAGO 2:13

PORQUE JUICIO SIN MISERICORDIA SE HARÁ CON AQUÉL QUE NO HICIERE MISERICORDIA; Y LA MISERICORDIA TRIUNFA SOBRE EL JUICIO.

Ser cristianos no es ser perfectos sino exponernos con humildad a ser transformados y perfeccionados por Dios, permitiéndole a Él cambiar nuestros corazones y pensamientos a través de la verdad.

2 CORINTIOS 3:18

POR TANTO, NOSOTROS TODOS, MIRANDO A CARA DESCUBIERTA COMO EN UN ESPEJO LA GLORIA DEL SEÑOR, SOMOS TRANSFORMADOS DE GLORIA EN GLORIA EN LA MISMA IMAGEN, COMO POR EL ESPÍRITU DEL SEÑOR.

El mismo apóstol Pablo se debatía en su humanidad con el deseo de hacer lo correcto y su incapacidad para lograrlo en todo momento.

ROMANOS 7:14-24

PORQUE SABEMOS QUE LA LEY ES ESPIRITUAL; MAS YO SOY CARNAL, VENDIDO AL PECADO. PORQUE LO QUE HAGO, NO LO ENTIENDO; PUES NO HAGO LO QUE QUIERO, SINO LO QUE ABORREZCO, ESO HAGO. Y SI LO QUE NO QUIERO, ESTO HAGO, APRUEBO QUE LA LEY ES BUENA. DE MANERA QUE YA NO SOY YO QUIEN HACE AQUELLO, SINO EL PECADO QUE MORA EN MÍ. Y YO SÉ QUE EN MÍ, ESTO ES, EN MI CARNE, NO MORA EL BIEN; PORQUE EL QUERER EL BIEN ESTÁ EN MÍ, PERO NO EL HACERLO. PORQUE NO HAGO EL BIEN QUE QUIERO, SINO EL MAL QUE NO QUIERO, ESO HAGO. Y SI HAGO LO QUE NO QUIERO, YA NO LO HAGO YO, SINO EL PECADO QUE MORA EN MÍ. ASÍ QUE, QUERIENDO YO HACER EL BIEN, HALLO ESTA LEY: QUE EL MAL ESTÁ EN MÍ. PORQUE SEGÚN EL HOMBRE INTERIOR, ME DELEITO EN LA LEY DE DIOS; PERO VEO OTRA LEY EN MIS MIEMBROS, QUE SE REBELA CONTRA LA LEY DE MI MENTE, Y QUE ME LLEVA CAUTIVO A LA LEY DEL PECADO QUE ESTÁ EN MIS MIEMBROS. !!MISERABLE DE MÍ! ¿QUIÉN ME LIBRARÁ DE ESTE CUERPO DE MUERTE?

Otro personaje bíblico que nos revela esta gran verdad es David. Las escrituras describen a David como un hombre conforme al corazón de Dios.

HECHOS 13:22

QUITADO ÉSTE, LES LEVANTÓ POR REY A DAVID, DE QUIEN DIO TAMBIÉN TESTIMONIO DICIENDO: HE HALLADO A DAVID HIJO DE ISAÍ, VARÓN CONFORME A MI CORAZÓN, QUIEN HARÁ TODO LO QUE YO QUIERO.

Sin embargo, David pecó después de muchos años de servir a Dios y entre sus pecados estaban el adulterio, la mentira, el asesinato y el juicio. ¿Qué entonces hacía de este hombre uno conforme al corazón de Dios?

Su capacidad de humillarse ante Dios y arrepentirse de todo corazón es la respuesta a esa pregunta. Eso hizo David después de pecar, y aunque le tocó vivir las consecuencias de su pecado, Dios lo perdonó y su relación con su Padre Celestial fue restaurada.

SALMOS 51:17

LOS SACRIFICIOS DE DIOS SON EL ESPÍRITU QUEBRANTADO; AL CORAZÓN CONTRITO Y HUMILLADO NO DESPRECIARÁS TÚ, OH DIOS.

Dios sabe que somos débiles y que el pecado mora en nosotros, por eso nos invita cada día al arrepentimiento y renueva sus misericordias cada mañana para que podamos arrepentirnos de nuestros pecados diarios, recibir su perdón y mantenernos siempre cerca de Él.

SALMOS 103:13-15

COMO EL PADRE SE COMPADECE DE LOS HIJOS, SE COMPADECE JEHOVÁ DE LOS QUE LE TEMEN. PORQUE ÉL CONOCE NUESTRA CONDICIÓN; SE ACUERDA DE QUE SOMOS POLVO.

LAMENTACIONES 3:22-23

POR LA MISERICORDIA DE JEHOVÁ NO HEMOS SIDO CONSUMIDOS, PORQUE NUNCA DECAYERON SUS MISERICORDIAS. NUEVAS SON CADA MAÑANA; GRANDE ES TU FIDELIDAD.

Decide hoy ocuparte en tu salvación y deja a un lado los juicios y las críticas a otros. Dios te ama y quiere transformar tu vida para su gloria. Él quiere darte los deseos de tu corazón, pero no podrá hacerlo si sigues enfrascado en ignorarlo con la excusa de lo que otros a tu alrededor hacen, han hecho o dejan de hacer. Dios quiere que lo conozcas a Él, que le entregues tu vida para hacer de ti un hombre o una mujer conforme a su corazón.

SALMOS 37:4

DELÉITATE ASIMISMO EN JEHOVÁ,
Y ÉL TE CONCEDERÁ LAS PETICIONES DE TU CORAZÓN.

La palabra deleitar es un verbo, cuyo significado es el de producir un placer. Decimos que algo nos deleita cuando nos produce gozo y nos complace, cuando nos gusta muchísimo. Deleitarnos en Dios es disfrutar de una relación personal con Él; encontrar gozo en conocerlo, en escucharlo, en obedecerlo.

Cuando ponemos nuestros esfuerzos en conocer a Dios comenzaremos a amar en vez de enjuiciar y seremos más como Jesús quien no vino para condenar al mundo sino para que el mundo fuera salvo por Él.

Examen del Corazón

¿Te estás ocupando en tu salvación o a veces pierdes el tiempo cuestionando la de otros?

¿Entiendes que la salvación es una decisión personal de cada ser humano?

¿Te deleitas en Dios?

Tenemos un Padre amoroso

Tu relación con Dios ahora es de Padre a Hijo. Tú eres Su hijo y Él es tu Padre Celestial. 1 Juan 2:1 dice: "Hijitos míos, estas cosas os escribo para que no pequéis; y si alguno hubiere pecado, abogado tenemos para con el Padre, a Jesucristo el Justo". La biblia dice que Jesús es el primogénito de muchos hermanos. ¡Esos hermanos somos nosotros!!

Cuando eres salvo, Dios ya no te ve como pecador sino como hijo. Siendo Él el padre perfecto ahora puedes decir que tienes un padre que:

- Te ama y te cuida. 1 Pedro 5: 7
- Te protege. Mateo 18:6
- Te provee lo que necesitas. Filipenses 4:19
- Te guía y enseña. Juan 14:26
- Te ayuda. Isaías 41:10
- Te anima. Josué 1:9

- Te corrige y disciplina cuando desobedeces. Hebreos 12:5-11
- Te alimenta. Mateo 4:4 & Mateo 6:25-26
- Tiene un plan para ti. Romanos 8: 28-29
- Te perdona siempre que te arrepientes y te recibe con sus brazos abiertos sin importar cuantas veces te equivocas. Lucas 15:11-31
- Nunca hará ni ha hecho nada con el propósito de herirte. Sólo permite aquellas cosas y situaciones que te ayudan crecer y madurar con el objetivo de que llegues a ser la persona que Él te creó para ser y que desarrolles tu máximo potencial. 1 Juan 4:16
- Anhela darte los deseos de tu corazón. Salmos 37:4

Dios es el padre por excelencia, quien nunca comete errores al tratar con sus hijos. Mateo 7:11 dice: "...pues si vosotros, siendo malos, sabéis dar buenos dádivas a vuestros hijos, ¿cuánto más vuestro Padre que está en los cielos dará buenas cosas a los que le pidan?"

Ese Padre amoroso y misericordioso te espera para abrazarte y llenar tu corazón con su infinito amor. Anímate a caminar hacia sus brazos. Con la ayuda del Espíritu Santo y la instrucción práctica que este libro te ofrece podrás vencer los obstáculos que te han impedido tener una relación íntima con Dios Padre y por tanto poder disfrutar de la vida abundante que Cristo te ha regalado.

CAPÍTULO 2

El Redentor

GÁLATAS 4:4-6

PERO CUANDO VINO EL CUMPLIMIENTO DEL TIEMPO, DIOS ENVIÓ A SU HIJO, NACIDO DE MUJER Y NACIDO BAJO LA LEY, PARA QUE REDIMIESE A LOS QUE ESTABAN BAJO LA LEY, A FIN DE QUE RECIBIÉSEMOS LA ADOPCIÓN DE HIJOS. Y POR CUANTO SOIS HIJOS, DIOS ENVIÓ A VUESTROS CORAZONES EL ESPÍRITU DE SU HIJO, EL CUAL CLAMA: !!ABBA, PADRE!

Redención

Cuando algunos años atrás Dios nos dio el nombre para nuestro ministerio, puso en nosotros el deseo de entender mejor el significado de la palabra redención que como verbo, redimir, expresa una acción muy particular e inusual, pero de vital importancia para toda la humanidad.

Redimir viene del Latin redimere (el prefijo re significa de nuevo y émere, significa comprar), literalmente quiere decir comprar de nuevo algo que se tenía, pero se perdió.

MATEO 18:11

PORQUE EL HIJO DEL HOMBRE HA VENIDO PARA SALVAR LO QUE SE HABÍA PERDIDO.

Jesús es nuestro Redentor.

GÁLATAS 3:13

CRISTO NOS REDIMIÓ DE LA MALDICIÓN DE LA LEY, HECHO POR NOSOTROS MALDICIÓN, PORQUE ESTÁ ESCRITO: MALDITO TODO EL QUE ES COLGADO EN UN MADERO

APOCALIPSIS 5:9

Y CANTABAN UN NUEVO CÁNTICO, DICIENDO: DIGNO ERES DE TOMAR EL LIBRO Y DE ABRIR SUS SELLOS; PORQUE TÚ FUISTE INMOLADO, Y CON TU SANGRE NOS HAS REDIMIDO PARA DIOS, DE TODO LINAJE Y LENGUA Y PUEBLO Y NACIÓN;

En la Redención está implícita una revelación muy poderosa para el ser humano. La acción de volver a comprar involucra el establecimiento de un precio, un valor por nuestras vidas. Por el pecado del primer hombre, Adán, la humanidad quedó separada de Dios, perdió su comunión con Él, y, por tanto, terminó en muerte.

Pero Dios en su infinito amor por nosotros proveyó el rescate suficiente y perfecto, su hijo Jesús, para que pudiéramos regresar a Él. Dios pagó al precio justo y necesario para rescatar a la humanidad del pecado. ¡Ese precio es tu valor y el mío! En él está definida nuestra identidad y cuanto nos ama nuestro Padre Celestial.

Precio y Valor

Valemos la sangre del unigénito Hijo de Dios y es esa sangre la que establece nuestro precio, el importe real de nuestras vidas. Es esa sangre preciosa la que nos hace hijos de Dios y nos regresa a nuestra verdadera identidad.

Hay muchas personas que caminan por el mundo sin conocer su verdadero valor, buscando encontrar valía en las cosas materiales, en relaciones afectivas co-dependientes, en placeres superficiales que el mundo les ofrece, en el servicio que hacen en su iglesia, etc. Sin embargo, sin importar qué bien o qué mal te sientas en este momento de tu vida, si pones tu valor en estas cosas pronto te sentirás decepcionado y necesitarás buscar una nueva fuente para encontrar valor para ti mismo. Buscarás valor en un nuevo proyecto amoroso, en una mejor carrera, en una mejor casa, en un mejor amigo, en un mejor empleo, en una nueva congregación donde te den crédito por lo que haces... y finalmente, llegarás a la vejez cuestionándote, qué de todo eso agregó valor real a tu vida.

Cuando avanzamos en años nos damos cuenta de que dejaremos de ser los profesionales que hemos sido, que dejaremos de tener la buena figura y la cara bonita, que ya la casa será muy grande para poderla recorrer completa, y nuestros desgastados sentidos y reflejos no nos permitirán manejar el carro, contemplar la hermosura del paisaje o del sexo opuesto.

Sólo en una relación honesta y real con Dios, el hombre encuentra su verdadero valor e identidad y el propósito de su existencia.

El Padre estuvo dispuesto a pagar un precio muy alto por nuestras vidas. Vidas rotas, contaminadas por el dolor, el orgullo, el rechazo, la crítica, la injusticia, la hipocresía, el egoísmo, la maldad, la mentira, el resentimiento, el odio..., pero que para el Creador son diamantes en bruto que Él anhela pulir y limpiar para su gloria.

TITO 2:14

QUIEN SE DIO A SÍ MISMO POR NOSOTROS PARA REDIMIRNOS DE TODA INIQUIDAD Y PURIFICAR PARA SÍ UN PUEBLO PROPIO, CELOSO DE BUENAS OBRAS.

Así como el oro que es encontrado en una mina necesita ser limpiado de impurezas y forjado en fuego para poder brillar y llegar a ser parte esencial de una bella joya, así Dios quiere transformarte para que brilles y tu vida sea testimonio de su amor y gracia para la humanidad.

Dios quiere quitar de ti todo lo que te empaña, toda conducta pecaminosa, todo hábito nocivo, toda adicción, toda mentira que has creído y que ha sido sembrada en tu corazón por personas a tu alrededor, por el mundo, o por el padre de la mentira, Satanás.

Identidad

Del latín identitas, la identidad es el conjunto de los rasgos propios de un individuo o de una comunidad. Estos rasgos caracterizan al sujeto o a la colectividad frente a los demás. Cuando hablamos de identidad, es lo que me define, esto quiere decir mi forma de pensar, hablar, caminar, vestir, actuar, conducirme. Mi identidad es lo que creo de mí mismo y esta creencia está formada por la interpretación que le he dado a los eventos que han marcado mi vida.

Desafortunadamente, el hombre ve la realidad a través del lente de sus emociones y sus sentimientos y muchas veces la imagen que llega a nuestro cerebro está distorsionada.

Por el contrario, Dios es la fuente de toda verdad. Así que podemos concluir que la verdad es la percepción de Dios de la realidad, que no es más que, la realidad misma. La verdad es lo que Dios ve y lo que Dios dice de un evento, de una persona, o hecho en particular.

Como cristianos sabemos que nuestra verdadera identidad es definida, no por nuestras acciones pasadas, sino por Cristo quien nos compró con su sangre, y nos ha dado una relación con Dios Padre. Tenemos todos los motivos para mantener nuestras cabezas en alto, estar firmes en quienes somos, y saber que Dios ha tenido y tiene un plan de bendición para nosotros.

Sin embargo, creer lo que Dios dice acerca de nuestro yo es una opción de nuestro corazón. El conocimiento no es suficiente. Nuestra sociedad está en total destrucción porque está minada de falsas creencias que determinan nuestro comportamiento. Y lo cierto es que, no nos comportamos o tomamos decisiones basado en lo que sabemos, sino basado en lo que creemos, en lo que está en nuestro corazón.

Es común ver que las personas viven y se comportan según lo que han creído de sí mismas, aun cuando esas creencias están arraigadas a juicios injustos y a mentiras. Si de niño obtuviste una mala calificación en uno de tus exámenes y escuchaste decir a tus padres que eras bruto o tonto y lo creíste, muy probablemente tu desempeño académico ha sido pobre a lo largo de tu vida porque creíste que no tenías lo que necesitas para lograrlo. Esa opinión de tus padres se arraigó a ti porque atacó tu ser, tu identidad, quien eres y te definió como incapaz, como poco inteligente.

Si creíste que no podías, muy probablemente no has podido, ni podrás en tus propias fuerzas. Si creíste que no valías y que nadie te ama, hoy Dios quiere enseñarte la verdad. Abre tu corazón y deja que tu Padre Celestial sane tu autoestima y te revele tu verdadera identidad.

La realidad es que el fracasar en algo no nos dice que no tenemos el talento para hacerlo o que no podemos hacerlo, sino que necesitamos esforzarnos más o quizás creer en las capacidades que Dios nos ha dado. Si un gimnasta desistiera de su sueño de llegar a los juegos olímpicos después de unas cuantas caídas, creo que tendríamos pocos gimnastas en el mundo o quizás ninguno. Fuimos creados a la imagen y semejanza de Dios y Él tiene un plan de bendición y de bien para tu vida y para la mía. Si lo crees, tu vida estará llena de logros y bendiciones. Si no lo crees, las bendiciones estarán delante de ti y ni siquiera las podrás ver.

Hemos conocido y aconsejado a personas marcadas por el rechazo de sus padres aun desde el momento de su concepción. Llegaron a la vida de sus progenitores en circunstancias difíciles y no fueron recibidos con gozo o deleite. La mayoría de estas personas han creído toda su vida que fueron un accidente porque sus padres no buscaban tenerlos. Sin embargo, esta definición que hacen de sí mismos es una gran mentira que destruye su verdadera identidad y valor porque deja fuera la voluntad del Creador y dador de la vida. ¡No hay vida sin Dios, por tanto, NO ERES UN ACCIDENTE!!! Dios, el dador de la vida, te creó en el vientre de tu madre y sopló aliento de vida en ti. Él te diseñó, te planeó y tus padres fueron herramientas útiles en sus manos para traerte a la vida. Dios tiene un plan de bien para ti. A Él le perteneces y Él te ama.

David, el gran Rey de Israel, se sabía el producto y resultado del amor y la voluntad soberana de Dios.

SALMOS 139:13-14

PORQUE TÚ FORMASTE MIS ENTRAÑAS; TÚ ME HICISTE EN EL VIENTRE DE MI MADRE. TE ALABARÉ; PORQUE FORMIDABLES, MARAVILLOSAS SON TUS OBRAS; ESTOY MARAVILLADO, Y MI ALMA LO SABE MUY BIEN.

NO FUE ENCUBIERTO DE TI MI CUERPO, BIEN QUE EN OCULTO FUI FORMADO, Y ENTRETEJIDO EN LO MÁS PROFUNDO DE LA TIERRA. MI EMBRIÓN, VIERON TUS OJOS, Y EN TU LIBRO ESTABAN ESCRITAS TODAS AQUELLAS COSAS. QUE FUERON LUEGO FORMADAS, SIN FALTAR UNA DE ELLAS. !!CUÁN PRECIOSOS ME SON, OH DIOS, TUS PENSAMIENTOS!!!CUÁN GRANDE ES LA SUMA DE ELLOS!

Como mencionamos anteriormente, forma parte de nuestra identidad todo aquello que me define, esto quiere decir: mi forma de pensar, hablar, caminar, vestir, actuar y conducirme.

Tristemente el hombre adopta identidades falsas con el objetivo de sentirse aceptado y valorado por otros. Tendemos a imitar la forma de actuar de otros, de vestir, de pensar.... Esto es muy común en los adolescentes que miran a los artistas o personas famosas y ven en ellos modelos a seguir en busca de lograr lo que ellos creen que es el éxito y la aceptación. Buscamos un sentido de pertenencia que no hemos recibido en nuestros hogares y nos perdemos en imitaciones y comparaciones que no llenan nuestro vacío interno y que ciertamente terminan por confundirnos más en nuestra búsqueda por saber quién realmente somos.

Para aquellos que hemos recibido a Cristo como nuestro Salvador y tenemos una relación con nuestro Padre Celestial, nuestra identidad debe estar anclada a la visión de Dios para nuestra vida, a su voluntad y a como nuestro creador nos ve porque sólo Él conoce la realidad de quienes somos. Lo que Él dice de ti y de mí es la verdad. Él es nuestro Creador. Él nos conoce mejor que nosotros a nosotros mismo.

GÉNESIS 1:26

ENTONCES DIJO DIOS: HAGAMOS AL HOMBRE A NUESTRA IMAGEN CONFORME A NUESTRA SEMEJANZA; Y SEÑOREE EN LOS PECES DEL MAR, EN LAS AVES DE LOS CIELOS, EN LAS BESTIAS, EN TODA LA TIERRA, Y EN TODO ANIMAL QUE SE ARRASTRA SOBRE LA TIERRA. Y CREÓ DIOS AL HOMBRE A SU IMAGEN, A IMAGEN DE DIOS LO CREÓ; VARÓN Y HEMBRA LOS CREÓ

Imagen: El צלם palabra (tselem) es, literalmente, una sombra que es el esquema o la representación del original.

Y Elohim, el Gran Poderoso, llenó al hombre con una representación de sí mismo.

Cuando leemos: “Y Dios creó al hombre a su imagen”, nuestro cerebro forma una imagen mental de lo que parecemos y a continuación, se atribuye esta imagen a Dios mismo. En la mente de los hebreos no es la apariencia de algo en lo que ellos se concentran, sino en su función. Este pasaje no está implicando una imagen de hombre o de Dios, sino su función. A través de las palabras hebreas de este texto, vemos que Dios había puesto en el hombre una sombra o representación de su propia función - objetivo, propósito, pensamiento, carácter, es decir, quiénes somos.

Semejanza: Demut significa forma de actuar, de hablar. Por eso el poder de tu vida está en tu lengua. Nuestras palabras construyen o destruyen.

Si fuimos creados a su imagen y semejanza, conocer a Dios nos lleva al conocimiento de nosotros mismos. La humanidad, como creación, está imposibilitada para definir su identidad si no conoce al Creador. Sin el amor de Dios en nuestro corazón, somos incapaces de saber quiénes somos y seremos arrastrados por las mentiras que hemos creído mientras nos destruimos a nosotros mismos o permitimos que otros nos destruyan.

1 PEDRO 2:9

MAS VOSOTROS SOIS LINAJE ESCOGIDO, REAL SACERDOCIO, NACIÓN SANTA, PUEBLO ADQUIRIDO POR DIOS, PARA QUE ANUNCIÉIS LAS VIRTUDES DE AQUÉL QUE OS LLAMÓ DE LAS TINIEBLAS A SU LUZ ADMIRABLE;

Cuando mi creencia de quien soy no está fundamentada en el Creador y lo que Él dice de mí, me será imposible encontrar la paz y viviré mi vida buscando un lugar de pertenencia, algo o alguien que llene el vacío de amor en mi corazón y que dé significado a mi existencia.

Y la realidad es que no podemos estar en paz con otros porque no estamos en paz con nosotros mismos, y no podemos estar en paz con nosotros mismos porque no estamos en paz con Dios. En los siguientes capítulos veremos la necesidad que tenemos de reconciliarnos con Dios para vivir en paz

1 PEDRO 3:11

APÁRTESE DEL MAL, Y HAGA EL BIEN; BUSQUE LA PAZ, Y SÍGALA.

¿Te ves como Dios te ve?

Miremos a uno de nuestros personajes bíblicos favoritos: José (Génesis 37-41)

¿Quién era José a los ojos del mundo, antes de ser exaltado por Dios?

- El hijo consentido de Jacob
- El joven de la túnica de colores
- El envidiado por sus hermanos mayores
- El que tenía sueños de grandeza
- El esclavo de Potifar que terminó en la cárcel

Pero, Dios veía algo diferente. Dios veía al verdadero José. José llegó a ser el segundo hombre de importancia en Egipto. El gran administrador del imperio, quien fue usado por El Omnipotente para ayudar a su pueblo en medio de la escasez y la hambruna.

Sin embargo, para llegar a ahí, José tuvo que renunciar a las cosas que el mundo le propuso y obedecer a Dios por encima de todos y de todo. En medio de tantas pruebas José tuvo paz porque sabía quién era su Dios, conocía la grandeza y el poder del Creador, Dios estaba con él.

Examen del Corazón

¿Conoces cuál es tu verdadero valor?

¿Está tu identidad basada en la verdad de quién eres?

¿Conoces al Creador?

¿Le has preguntado a Dios, cómo te ve Él?

¿Crees lo que Dios dice acerca de ti?

¿Crees que Dios está contigo?

¿Quieres llegar a ser todo lo que Dios te creó para ser?

¿Qué estás dispuesto a hacer para lograrlo?

¿Le permitirás a Dios sanarte, limpiarte y pulirte como al oro?

Abriendo mi Corazón (Andrés)

Cuando era un niño de apenas nueve años, después de una acalorada discusión entre mis padres, fui duramente reprendido por mi papá por supuestamente haberle "revelado" a mi madre la identidad de su amante de turno. Por supuesto, que yo no tenía idea de quién era esa señora; para mí era nada más que la secretaria de mi papá. Simplemente, yo respondí al interrogatorio exhaustivo de mi mamá sobre todo lo que había hecho durante el fin de semana que había pasado acompañando a mi papá en el hotel del cual era gerente y de ahí vino la conclusión de mi madre que ya tenía sospechas de la infidelidad de mi padre. Las palabras que mi padre lanzó sobre mí fueron: "Los hombres no hablan."

Por años, cargué con el dolor que esas palabras me causaron y por su puesto con las consecuencias de haberlas creído. Mi interpretación fue mucho más allá de lo que mi papá trataba de decirme y me convertí en un hombre de muy pocas palabras, que no sabía cómo expresarse, temía hablar de su vida, sentimientos, opiniones y que por supuesto odiaba hablar en público. Veintiséis años después, Dios me reveló su plan y propósito para mi vida y ¿adivina qué? Su plan incluía que yo hablara en público y además que expusiera mis emociones, sentimientos y experiencias de vida delante de muchos. Fue todo un reto para mí porque me tocó enfrentar mis propios temores y la mentira que había creído y que se había convertido en parte de mi falsa identidad, pero Dios ha sido fiel y mi mente ha sido transformada al escuchar sus palabras de vida y propósito para mí. El perdonar a mi padre por ese evento trajo sanidad a mi corazón y permitió que la verdad tomara el lugar de la mentira que había creído. Hoy sirvo a Dios como pastor y maestro y aquí estoy abriendo mi corazón contigo y compartiéndote la verdad. Dios tiene un plan de bien para tu vida y TODO LO PUEDES EN CRISTO QUE TE FORTALECE. (Filipenses 4:13)

> **JEREMÍAS 29:11**
>
> *PORQUE YO SÉ LOS PENSAMIENTOS QUE TENGO ACERCA DE VOSOTROS, DICE JEHOVÁ, PENSAMIENTOS DE PAZ, Y NO DE MAL, PARA DAROS EL FIN QUE ESPERÁIS.*

ORACIÓN

Ora a Dios por la sanidad de tu Identidad.

Padre, gracias porque puedo sentir tu amor al leer estas enseñanzas. Gracias porque sé que quieres sanarme y ayudarme a ser todo para lo que me creaste. Te pido que reveles a mi alma y a mi espíritu quien soy yo para ti. Limpia mi corazón de las mentiras que he creído acerca de mí mismo e instala en él tu verdad. Sana mi autoestima Señor, yo quiero confiar en ti y en tu perfecta voluntad para mi vida. Me dispongo a ser transformado/a por tu amor y a ser limpiado/a de todo lo que me impide ser lo que tú quieres que yo sea. Te lo pido en el nombre de Jesús, Amén.

CAPÍTULO 3

El Reconciliador

El hombre escogió el pecado.

Por siglos, el hombre ha cuestionado el hecho de necesitar reconciliarse con Dios y la razón misma de su existencia. Uno de los argumentos más usados para excluir a Dios del mundo y anular nuestra necesidad de Él es el rechazarlo con la excusa de que si existiera Dios y fuera realmente bueno, no habría tanto dolor y destrucción en la tierra. Sin embargo, la destrucción y el dolor que vivimos los seres humanos y hemos vivido por siglos es el resultado de nuestras propias decisiones; es la consecuencia de escoger vivir en pecado creyendo que nosotros sabemos mejor que el Creador y que no lo necesitamos.

¿Pensarías que es responsabilidad del ingeniero y fabricante de un DVD el que su equipo se destruyera porque el usuario a quien se lo regaló e instruyó a usarlo, decidió obviar sus recomendaciones y ponerle frutas y agua para que funcione como una licuadora? Sería absurdo culpar al creador por el mal funcionamiento o destrucción del equipo, pero eso ha hecho la humanidad y tristemente sigue haciéndolo.

Todo lo malo que existe y que has vivido es el resultado de la falta de Dios en tu corazón y en el corazón de aquéllos que han sido o son parte de tu vida. Dios es amor y vida así que el rechazo y la muerte son consecuencias de habernos separado de Dios y escoger querer "vivir" nuestras vidas sin Él.

Así como la oscuridad es la ausencia de luz, y el frio es la ausencia de calor, así son la muerte y el dolor: ausencia de vida y amor, o sea, ausencia de Dios.

Dios nunca abandonó al hombre fue el ser humano quien escogió, con su desobediencia, separarse de Él. El pecado de la primera pareja humana rompió el vínculo de amor que el hombre tenía con su creador en el huerto de Edén y lo transformó en un vínculo de temor llevándonos a vivir consecuencias muy tristes porque siendo Dios el dador de la vida y la fuente inagotable de ella, el separarnos de Él es escoger la muerte y nuestra propia destrucción.

> **GÉNESIS 2:16-17**
>
> *Y MANDÓ JEHOVÁ DIOS AL HOMBRE, DICIENDO: DE TODO ÁRBOL DEL HUERTO PODRÁS COMER; MAS DEL ÁRBOL DE LA CIENCIA DEL BIEN Y DEL MAL NO COMERÁS; PORQUE EL DÍA QUE DE ÉL COMIERES, CIERTAMENTE MORIRÁS.*

El hombre fue creado por Dios con un hermoso privilegio y una gran responsabilidad al que llamamos libre albedrío que significa posibilidad de escoger; desafortunadamente, el hombre escogió la desobediencia. Escogió ignorar las recomendaciones del Creador de su propio ser. Escogió la muerte en vez de la vida.

Nos Separamos de Dios

> **GÉNESIS 3:1-6**
>
> *PERO LA SERPIENTE ERA ASTUTA, MÁS QUE TODOS LOS ANIMALES DEL CAMPO QUE JEHOVÁ DIOS HABÍA HECHO; LA CUAL DIJO A LA MUJER: ¿CONQUE DIOS OS HA DICHO: NO COMÁIS DE TODO ÁRBOL DEL HUERTO? Y LA MUJER RESPONDIÓ A*

> *LA SERPIENTE: DEL FRUTO DE LOS ÁRBOLES DEL HUERTO PODEMOS COMER; PERO DEL FRUTO DEL ÁRBOL QUE ESTÁ EN MEDIO DEL HUERTO DIJO DIOS: NO COMERÉIS DE ÉL, NI LE TOCARÉIS, PARA QUE NO MURÁIS. ENTONCES LA SERPIENTE DIJO A LA MUJER: NO MORIRÉIS; SINO QUE SABE DIOS QUE EL DÍA QUE COMÁIS DE ÉL, SERÁN ABIERTOS VUESTROS OJOS, Y SERÉIS COMO DIOS, SABIENDO EL BIEN Y EL MAL. Y VIO LA MUJER QUE EL ÁRBOL ERA BUENO PARA COMER, Y QUE ERA AGRADABLE A LOS OJOS, Y ÁRBOL CODICIABLE PARA ALCANZAR LA SABIDURÍA; Y TOMÓ DE SU FRUTO, Y COMIÓ; Y DIO TAMBIÉN A SU MARIDO, EL CUAL COMIÓ, ASÍ COMO ELLA.*

Qué triste es ver que el hombre creyó en alguien que aparecía en su vida por primera vez cuando pudo confiar en quien le había dado la vida, lo había instruido y bendecido con su amor. Si eres padre de adolescentes, la escena puede parecerte muy similar a lo que enfrentas con tus hijos o incluso puede recordarte tu propia adolescencia y tu actitud desobediente hacia tus padres.

El Carácter de Dios

Hace algún tiempo atrás, una señora, que ha sido cristiana por más de treinta años y visitaba nuestra iglesia, levantó su mano para hacer una pregunta muy interesante y profunda: "Pastor, ¿qué posibilidades reales tenían Adán y Eva de no caer en la mentira del Diablo?" y añadió, "Realmente, ellos no sabían eran como bebés..."

La biblia nos dice que Dios creó al ser humano hombre y mujer e incluso explica que Dios entregó a Adán la tarea de nombrar a todos los animales de la tierra y administrar la creación. Ciertamente, no se podría entregar semejantes responsabilidades a un bebé. También nos dice que Dios le había dado instrucciones al hombre respecto al cuidado del huerto y al uso de todo lo que había en él. El hombre tenía una relación con Dios, hablaba con Él; su Padre Celestial le amaba, le había instruido y entregado una hermosa herencia. (Génesis 2:15-22).

Es muy triste ver la confusión en la mente de las personas respecto al carácter de Dios y su naturaleza, que es el amor, porque cuando creemos que el hombre no tenía opciones en el momento en que fue tentado, estamos automáticamente asumiendo que Dios quiso el sufrimiento de la humanidad. Eso es una gran mentira que afecta no sólo a las personas en el mundo, sino también a los cristianos. La biblia nos dice que Dios no quiere la muerte del hombre. (Ezequiel 18:32) sino que quiere que todos seamos salvos (2 Pedro 3:9) y es por eso que envió a Jesús a morir por nosotros.

El amor busca la reconciliación.

El término reconciliación se deriva del latín "reconciliatio", que puede traducirse como "la acción y el efecto de volver a unirse". Esta palabra se encuentra formada por las siguientes partes:

- El prefijo "re-", que se utiliza para indicar "hacia atrás".
- El sustantivo "concilium", que es sinónimo de "asamblea".
- El sufijo "-cion", que viene a emplearse para establecer "acción y efecto"

Reconciliación es la acción y la consecuencia de reconciliar. Este verbo hace mención a dejar atrás un conflicto o un desacuerdo, restableciendo una relación, un vínculo que se encontraba roto o interrumpido.

En los términos humanos la reconciliación es normalmente vista como la responsabilidad de aquél quien falló en la relación. Sin embargo, Dios nos modela algo muy diferente. Dios nos modela el amor al entregar la vida de su Hijo por la humanidad dando así Él el primer paso hacia la reconciliación.

2 CORINTIOS 5:18-20

Y TODO ESTO PROVIENE DE DIOS, QUIEN NOS RECONCILIÓ CONSIGO MISMO POR CRISTO, Y NOS DIO EL MINISTERIO DE LA RECONCILIACIÓN; QUE DIOS ESTABA EN CRISTO RECONCILIANDO CONSIGO AL MUNDO, NO TOMÁNDOLES EN CUENTA A LOS HOMBRES SUS PECADOS, Y NOS ENCARGÓ A NOSOTROS LA PALABRA DE LA RECONCILIACIÓN. ASÍ QUE, SOMOS EMBAJADORES EN NOMBRE DE CRISTO, COMO SI DIOS ROGASE POR MEDIO DE NOSOTROS; OS ROGAMOS EN NOMBRE DE CRISTO: RECONCILIAOS CON DIOS.

Si eres hijo, pero te sientes lejos de tu Padre Celestial, perdido y errante por caminos de dolor y muerte, Dios quiere que regreses a casa. Arrepiéntete de haberte alejado y decide regresar hoy. Tu Padre te está esperando con los brazos abiertos. Él te ama y nunca ha dejado de amarte, ni dejará de hacerlo. Tu Padre está dispuesto a perdonarte, a limpiarte y a celebrar contigo tu regreso a la vida.

Si acabas de aceptar a Cristo con la instrucción de este libro en su primer capítulo, queremos que sepas que Dios te ama y anhela tener una relación profunda contigo. Sus brazos siempre han estado y estarán abiertos para ti, aun cuando te equivoques y cometas errores. Dios es amor y el amor perdona.

La Biblia nos ilustra al Padre Celestial a través de la siguiente parábola:

LUCAS 15:11-32
PARÁBOLA DEL HIJO PRÓDIGO

TAMBIÉN DIJO: UN HOMBRE TENÍA DOS HIJOS; Y EL MENOR DE ELLOS DIJO A SU PADRE: PADRE, DAME LA PARTE DE LOS BIENES QUE ME CORRESPONDE; Y LES REPARTIÓ LOS BIENES. NO MUCHOS DÍAS DESPUÉS, JUNTÁNDOLO TODO EL HIJO MENOR, SE FUE LEJOS A UNA PROVINCIA APARTADA; Y ALLÍ DESPERDICIÓ SUS BIENES VIVIENDO PERDIDAMENTE. Y CUANDO TODO LO HUBO MALGASTADO, VINO UNA GRAN HAMBRE EN AQUELLA PROVINCIA, Y COMENZÓ A FALTARLE. Y FUE Y SE ARRIMÓ A UNO DE LOS CIUDADANOS DE AQUELLA TIERRA, EL CUAL LE ENVIÓ A SU HACIENDA PARA QUE APACENTASE CERDOS. Y DESEABA LLENAR SU VIENTRE DE LAS ALGARROBAS QUE COMÍAN LOS CERDOS, PERO NADIE LE DABA. Y VOLVIENDO EN SÍ, DIJO:!CUÁNTOS JORNALEROS EN CASA DE MI PADRE TIENEN ABUNDANCIA DE PAN, Y YO AQUÍ PEREZCO DE HAMBRE! ME LEVANTARÉ E IRÉ A MI PADRE, Y LE DIRÉ: PADRE, HE PECADO CONTRA EL CIELO Y CONTRA TI. YA NO SOY DIGNO DE SER LLAMADO TU HIJO; HAZME COMO A UNO DE TUS JORNALEROS. Y LEVANTÁNDOSE, VINO A SU PADRE. Y CUANDO AÚN ESTABA LEJOS, LO VIO SU PADRE, Y FUE MOVIDO A MISERICORDIA, Y CORRIÓ, Y SE ECHÓ SOBRE SU CUELLO, Y LE BESÓ. Y EL HIJO LE DIJO: PADRE, HE PECADO CONTRA EL CIELO Y CONTRA TI, Y YA NO SOY DIGNO DE SER LLAMADO TU HIJO. PERO EL PADRE DIJO A SUS SIERVOS: SACAD EL MEJOR VESTIDO, Y VESTIDLE; Y PONED UN ANILLO EN SU MANO, Y CALZADO EN SUS PIES. Y TRAED EL BECERRO GORDO Y MATADLO, Y COMAMOS Y HAGAMOS FIESTA; PORQUE ESTE MI HIJO MUERTO ERA, Y HA REVIVIDO; SE HABÍA PERDIDO, Y ES HALLADO. Y COMENZARON A REGOCIJARSE. Y SU HIJO MAYOR ESTABA EN EL CAMPO; Y CUANDO VINO, Y LLEGÓ CERCA DE LA CASA, OYÓ LA MÚSICA Y LAS DANZAS; Y LLAMANDO A UNO DE LOS CRIADOS, LE PREGUNTÓ QUÉ ERA AQUELLO. ÉL LE DIJO: TU HERMANO HA VENIDO; Y TU PADRE HA HECHO MATAR EL BECERRO GORDO, POR HABERLE RECIBIDO BUENO Y SANO. ENTONCES SE ENOJÓ, Y NO

> *QUERÍA ENTRAR. SALIÓ POR TANTO SU PADRE, Y LE ROGABA QUE ENTRASE. MAS ÉL, RESPONDIENDO, DIJO AL PADRE: HE AQUÍ, TANTOS AÑOS TE SIRVO, NO HABIÉNDOTE DESOBEDECIDO JAMÁS, Y NUNCA ME HAS DADO NI UN CABRITO PARA GOZARME CON MIS AMIGOS. PERO CUANDO VINO ESTE TU HIJO, QUE HA CONSUMIDO TUS BIENES CON RAMERAS, HAS HECHO MATAR PARA ÉL EL BECERRO GORDO. ÉL ENTONCES LE DIJO: HIJO, TÚ SIEMPRE ESTÁS CONMIGO, Y TODAS MIS COSAS SON TUYAS. MAS ERA NECESARIO HACER FIESTA Y REGOCIJARNOS, PORQUE ÉSTE TU HERMANO ERA MUERTO, Y HA REVIVIDO; SE HABÍA PERDIDO, Y ES HALLADO.*

El amor del Padre no hace distinción entre sus hijos, ambos son amados de igual manera a pesar de sus conductas y actitudes. El perdón de Dios está disponible para todo ser humano que se arrepiente de sus pecados y es el perdón el camino a la reconciliación con Dios y con otros.

La parábola anterior ilustra a dos hijos que se encontraban lejos de su padre. El joven había escogido el camino del pecado y la ingratitud. Tomó su herencia antes de que su padre muriera, se marchó lejos y malgastó todo el dinero en los placeres de la carne que lo llevaron a la pobreza y al dolor. Su corazón estaba lleno de egoísmo y vanidad. Nunca pensó en el dolor que le causó a su padre y mucho menos en las consecuencias de su conducta.

El hijo mayor vivía en la casa de su padre, pero no se sentía hijo, sino esclavo. Trabajaba de sol a sol creyendo que necesitaba ganar lo que ya era suyo. No entendía el amor de su Padre, no disfrutaba de ser su hijo y por supuesto no podía entender que su hermano fuera recibido con una fiesta pues él no comprendía el amor incondicional del padre. El amor para el hijo mayor era algo que se necesitaba ganar, que estaba condicionado al desempeño.

Sin embargo, la parábola también nos muestra que Dios Padre nos ama a pesar de nuestros errores y decisiones equivocadas. Entender y recibir ese amor es la clave de tu reconciliación con Él. Él ha velado tu regreso y te ha esperado con sus brazos abiertos para abrazarte. Él te ha mostrado su amor muchas veces, pero quizás has estado demasiado ocupado para percibirlo.

Tu vida no tiene que ser perfecta para acercarte a Dios, no tienes que haber sido bueno para que Él te quiera. Él ya te ama y el que existas es el resultado de ese amor. Más aún, Dios en su infinita misericordia envió a Jesús a morir por nuestros pecados. Cuando abrimos nuestro corazón a su amor, la reconciliación sucede de forma natural, y nuestra vida comienza a ser transformada y restaurada.

Abriendo mi Corazón (Marialina)

Por muchos años de mi vida yo viví como el hermano mayor. Crecí en un hogar de disciplina estricta, con padres muy enfocados en el desempeño y en los logros. Sólo me sentía amada y celebrada cuando alcanzaba grandes metas. Recuerdo que cuando regresaba de la escuela y no traía una calificación perfecta, mis padres me preguntaban qué me había pasado, o en qué me había equivocado para no sacar 100. Aunque mis padres sólo trataban de motivarme a la excelencia, yo crecí con un peso muy grande sobre mis hombros y una necesidad inmensa de sentirme aceptada y amada por solo existir sin tener que demostrar que lo merecía por ser buena estudiante o por portarme bien. Esto trajo consecuencias negativas a mi vida. Me convertí en una persona perfeccionista que demandaba mucho de sí misma y de otros. Sólo me exponía a hacer aquellas cosas en las que creía que podría tener éxito rotundo sino ni siquiera lo intentaba por temor al fracaso o a la crítica. Cuando algo me salía mal o no lograba todo el éxito que esperaba, me sumergía en la depresión y me sentía sin ningún valor. Yo sabía que Dios existía, pero imaginaba que era duro y demandante, un padre autoritario e implacable, así que también sentía miedo a ser rechazada por Él. ¡Cuán lejos estaba de conocerlo!

Abriendo mi Corazón (Andrés)

Al contrario de mi esposa, yo me identifico más con el hermano menor. Desde muy joven sentí el deseo de independencia. Veía a mis padres como autoridades, como instrumentos de control; pero no sentía su amor. Dios no era parte de mi familia, así que nunca había conocido el verdadero amor. La inestabilidad en mi hogar por las infidelidades de mi padre me hizo retraído y muy callado de niño, pero a los dieciocho años comencé una vida de desenfreno sexual. Cambiaba de mujeres como de ropa interior y aún cuando permanecía por tiempo en una relación, no era fiel. Mi satisfacción personal y el trofeo de las conquistas eran mi motivación y mi recompensa. Anhelaba llenar el vacío de amor en mi corazón, pero nada funcionaba y mientras seguía buscando en los lugares equivocados, me sumergí más y más en la adicción sexual y en el alcohol.

Abrir nuestros corazones al amor de Dios sanó nuestras heridas y llenó el vacío en nuestras almas. Reconciliarnos con Él abrió nuestros ojos a la verdad, nos liberó de las cadenas que nos ataban a la práctica del pecado y trajo mucha esperanza a nuestros corazones.

Si te identificas más con el hermano mayor, reconciliarte con Dios te permitirá ver que no has sido tan bueno como creías y que mientras trabajabas arduamente para ganar el reconocimiento y la aprobación de otros, has herido, enjuiciado y rechazado a muchos que te aman. En especial has rechazado a Dios. El hijo mayor no sabe recibir el amor incondicional de Dios porque toda su vida ha creído la mentira de que el amor se gana con acciones. La verdad es que el amor es Dios y sólo conocerlo a Él y tener una relación con Él nos capacita para amar. Conocer de Él no es suficiente para amar. Sólo podrás amar cuando te hayas permitido recibir su amor primero, cuando te expones a conocer el corazón del Padre y te ves y sientes realmente su hijo. Cuando entiendes y crees que eres amado sólo porque existes.

Si eres como el hermano menor, quizás te toque lidiar con el rechazo de tus hermanos mayores, con sus críticas y desplantes si decides buscar al Padre y regresar a casa, pero si recibes el perdón que Dios tiene para ti por tus propias faltas, tendrás perdón para perdonar a aquéllos que te han herido en el pasado, te hieren en el presente, y te herirán en el futuro.

Como hijos, es nuestra responsabilidad mantener una buena relación con nuestro Padre Celestial y también con nuestros hermanos. Dios da gran importancia a la reconciliación y encomienda el primer paso hacia ésta a quien viene a su presencia y busca agradarle a Él. Jesús fue y es el sacrificio perfecto y suficiente por todos los pecados de la humanidad. Ahora cuando vienes a la presencia de Dios tu ofrenda es tu propio corazón humillado y dispuesto a ser cambiado por su amor. Cuando nos exponemos a ser amados por Él, su amor nos perfecciona y nos motiva a amar a otros, aún a nuestros enemigos.

> **MATEO 5:23-24**
>
> *POR TANTO, SI TRAES TU OFRENDA AL ALTAR, Y ALLÍ TE ACUERDAS DE QUE TU HERMANO TIENE ALGO CONTRA TI, DEJA ALLÍ TU OFRENDA DELANTE DEL ALTAR, Y ANDA, RECONCÍLIATE PRIMERO CON TU HERMANO, Y ENTONCES VEN Y PRESENTA TU OFRENDA.*

Siempre tendrá más amor y perdón para dar, quien esté más cerca de Dios, quien haya recibido más de Él.

Quizás ahora este concepto te parezca difícil de asimilar o entender, posiblemente te parezca injusto, pero en la medida que avances por el material de este libro y te expongas a recibir el amor del Padre, descubrirás el gozo que hay en dar y las muchas bendiciones de obedecer su palabra e imitar su ejemplo. Buscar reconciliarte con quienes te han herido o te han maltratado, no quiere decir que vas a permitir el maltrato o el abuso de esas personas hacia ti. Quiere decir que tu actitud hacia ellas será de misericordia y no de odio o de juicio. Quiere decir que cualquier interacción que tengas con estas personas estará motivada por la paz de Dios en tu corazón y no por el resentimiento, la ira, la amargura, la rabia o el temor. Más adelante hablaremos de límites sanos y te enseñaremos a amarte a ti mismo para que puedas amar a otros, aún a quienes no conocen el amor. Porque más bienaventurado es dar que recibir (Hechos 20:35)

> **1 JUAN 4:10**
>
> *EN ESTO CONSISTE EL AMOR: NO EN QUE NOSOTROS HAYAMOS AMADO A DIOS, SINO EN QUE ÉL NOS AMÓ A NOSOTROS, Y ENVIÓ A SU HIJO EN PROPICIACIÓN POR NUESTROS PECADOS.*

Examen del Corazón

¿Aceptas reconciliarte con Dios?

¿Con cuál de los dos hermanos te identificas más?

¿Decides hoy abrir tu corazón al amor de tu Padre Celestial?

¿Hay personas en tu vida (familiares, amigos) con quienes necesitas reconciliarte?

En los siguientes capítulos compartiremos contigo importantes conceptos que te ayudarán a ver en dónde te encuentras en tu relación con Dios y también te daremos herramientas esenciales en tu proceso de reconciliación con Él y con otros. ¡Ánimo, lo mejor está por venir!

ORACIÓN

Padre Celestial,

Agradezco tu amor, y puedo ver en tu palabra cuanto anhelas una relación genuina conmigo. Señor, abre mis ojos para que pueda ver mis propios errores, arrepentirme de ellos y recibir tu perdón. Me dispongo a vivir un proceso de reconciliación contigo, en el que limpies y sanes mi alma de todo lo que me impide estar cerca de ti. Quiero también mi Dios hacer lo que esté a mi alcance para reconciliarme con aquellas personas a las que he herido. Ayúdame, te lo pido en el nombre de Jesús. Amén

CAPÍTULO 4

Creciendo En Cristo

2 PEDRO 3:18

ANTES BIEN, CRECED EN LA GRACIA Y EL CONOCIMIENTO DE NUESTRO SEÑOR Y SALVADOR JESUCRISTO. A ÉL SEA GLORIA AHORA Y HASTA EL DÍA DE LA ETERNIDAD. AMÉN.

El versículo anterior encierra una verdad muy reveladora al ser humano. Aun cuando somos adultos físicamente y probablemente ya no crezcamos más en estatura, necesitamos crecer en gracia y en conocimiento de nuestro Señor Jesucristo.

Así como Dios es tripartito: Padre, Hijo y Espíritu Santo, nosotros, creados a la imagen y semejanza de Él, también somos seres tripartitos como lo declara el siguiente versículo:

1 TESALONICENSES 5:23

Y EL MISMO DIOS DE PAZ OS SANTIFIQUE POR COMPLETO; Y TODO VUESTRO SER, ESPÍRITU, ALMA Y CUERPO, SEA GUARDADO IRREPRENSIBLE PARA LA VENIDA DE NUESTRO SEÑOR JESUCRISTO.

Por años de nuestra vida crecimos físicamente. Comimos, nos aseamos, dormimos, nos ejercitamos, fuimos al médico cuando estuvimos enfermos, tomamos las medicinas indicadas... Hicimos las cosas indispensables para que nuestros cuerpos crecieran y se convirtieran en cuerpos adultos. Sin embargo, nuestras almas quedaron estancadas en el proceso de madurez debido a experiencias dolorosas que vivimos y que no fueron resueltas de maneras saludables porque no conocíamos a Dios, o sea, no conocíamos el amor. Estábamos desprovistos de las herramientas básicas para sanar el alma.

Por otro lado, el crecimiento espiritual sano depende de nuestra relación con Dios. Depende del alimento espiritual que es la palabra que sale de Su boca. Así que, antes de conocer a Dios, nunca tuviste la oportunidad real de crecer espiritualmente.

Integridad

Dios nos diseñó para que creciéramos con integridad, que significa: sin contacto o contaminación con el mal, sin daño, completos, sin faltar nada. Sin embargo, el pecado original afectó nuestro crecimiento y trajo como consecuencias perjuicios al ser humano que han impedido que nuestro cuerpo, alma y espíritu maduraren al unísono.

El pecado agregó a nuestras vidas cosas dañinas que nunca debieron ser parte de nosotros y nos despojó de cosas vitales que debieron alimentar nuestras almas, cuerpos y espíritus para que creciéramos sanos y felices.

Por ejemplo:

- Físicamente, el pecado trajo a la humanidad la enfermedad y la muerte.
- Emocionalmente, hemos sido afectados por el pecado de otros y el propio (hemos sido rechazados, avergonzados, humillados, abandonados, abusados, enjuiciados, engañados... y también hemos sido los que rechazan, avergüenzan, humillan,

abandonan, abusan, enjuician, mienten...

- Espiritualmente, debimos haber crecido en perfecta comunión con Dios, siendo instruidos por La Verdad y recibiendo el alimento espiritual diario que es su palabra, pero tristemente eso no ocurrió para la mayoría de nosotros. Llegamos a Dios siendo ya físicamente adultos que habíamos escogido caminos torcidos para sus vidas.

LUCAS 2:52

Y JESÚS CRECÍA EN SABIDURÍA (ALMA), Y EN ESTATURA (CUERPO FÍSICO), Y EN GRACIA (ESPÍRITU) PARA CON DIOS Y LOS HOMBRES.

Aquí podemos ver el crecimiento de Jesús en las tres esferas de su ser. Esto sucedió años antes de que Jesús comenzara su ministerio en la tierra. No fue hasta que nuestro Señor fue completamente adulto que estuvo listo para llevar a cabo su propósito de vida.

No estarás listo para desempeñar las tareas de un adulto hasta que realmente lo seas, no sólo en tu cuerpo físico, también en tu alma y en tu espíritu.

Desafortunadamente hay una gran discrepancia entre la edad física de la población mundial y la edad emocional y espiritual de la misma. En los Estados Unidos de América, por ejemplo, estudios realizados han demostrado que la población que se considera físicamente adulta tiene una madurez emocional y espiritual de nueve años.

Como consecuencia de esto tenemos una sociedad moderna minada de divorcios, abortos, vicios, materialismo, egocentrismo, odio, hipocresía, delincuencia... Vemos "adultos" que físicamente son aptos para tener sexo, pero no para hacerse responsables de sus actos y las consecuencias de ellos; que tienen licencia para manejar, pero no respetan las leyes del tránsito y exponen sus vidas y las de otros; que ven al prójimo en necesidad y tienen para ayudar, pero no ayudan.

Nos será muy difícil actuar con integridad en la vida cuando no somos íntegros. Tener una actitud íntegra es una cualidad que se espera de los adultos. Para llegar a ser realmente adultos necesitamos madurar. Algunas personas creen que decir la verdad la mayor parte del tiempo es ser íntegro, pero ser íntegro es decir la verdad siempre.

Un ejemplo típico de esto es el del hombre que encuentra una suma considerable de dinero en la habitación de hotel que acaba de rentar y va al encargado del mismo y lo devuelve todo, a pesar de que la mujer que lo acompaña le dice que es un tonto y que debería quedarse con el dinero. Todo esto ocurre mientras la esposa de este personaje lo espera en casa para cenar con sus dos hijos. El hombre fue honesto al entregar el dinero, mas no es íntegro.

Sabemos que en nuestra humanidad caída esto es algo difícil de vivir. Sin embargo, como mencionamos anteriormente, Dios nos dice, en Filipenses 4:13, que todo lo podemos en Cristo que nos fortalece y que al que cree todo le es posible.

Dios quiere tu integridad y la nuestra, así que si disponemos nuestro corazón, Él nos ayudará a alcanzarla.

Examen del Corazón

¿Tienen tu alma y tu espíritu la misma edad que tu cuerpo?

¿Fuiste afectado por la falta de integridad de tus padres?

¿Consideras la falta de integridad propia y de otros como un problema real en tu vida y en tus relaciones?

¿Será por la falta de madurez de tu alma y espíritu que fracasas una y otra vez en cosas que anhelas hacer?

Sólo podremos ser íntegros cuando hayamos madurado.

Madurez

Madurez es lograr el potencial que Dios nos ha dado. Llegar a ser todo lo que Dios nos creó para ser. Cuando la edad física de una persona no se corresponde con la edad de su alma o de su espíritu decimos que esa persona está estancada en su madurez, está fragmentada.

El pecado es la raíz de la fragmentación. Lo clasificaremos en dos grupos para estudiar sus consecuencias de manera más objetiva:

1. Pecado propio

- Me motiva a vivir en las tinieblas. Me impide ser transparente, genuino.

PROVERBIOS 28:13

EL QUE ENCUBRE SUS PECADOS NO PROSPERARÁ; MAS EL QUE LOS CONFIESA Y SE APARTA ALCANZARÁ MISERICORDIA.

2. El pecado de otros en mi vida:

- Provoca heridas en mi alma a las que llamaremos traumas. Los traumas bloquean el crecimiento y retardan la madurez.

SALMOS 147:3

ÉL SANA A LOS QUEBRANTADOS DE CORAZÓN, Y VENDA SUS HERIDAS.

Según el Dr. James Wilder, un reconocido experto en el tema de la madurez y autor de varios libros, dentro de los que se encuentra El Modelo de Vida, que ha sido muy significativo en nuestra comprensión del tema, crecimiento personal y conceptos generales de este capítulo, los traumas se dividen en: traumas tipo A y traumas tipo B.

Traumas tipo A son aquellas experiencias que debí haber vivido o cosas que debí haber recibido y no viví o recibí.

Por ejemplo:

- No haber recibido atención de mis padres.
- No haber sido celebrado y apreciado por ellos por simplemente existir y ser su hijo.
- No haber tenido padres que me comprendieran o por lo menos se esforzaran por

hacerlo.

- No haber experimentado nunca el sentir que otros se deleitan conmigo.
- No haber tenido padres o figuras de autoridad que me animarán a expresar emociones y pensamientos, que me escucharan.
- No haber recibido caricias físicas de tipo no sexual: abrazos, besos, cargadas en las piernas etc.
- No haber tenido un hogar estable.
- No haber sido animado a hacer cosas difíciles.
- No haber sido instruido o enseñado.

Abriendo mi Corazón (Andrés) (Trauma tipo A)

Cuando tenía alrededor de ocho años practicaba el béisbol como deporte y sobresalía por mi desempeño (era cuarto bate) en medio de mis compañeros de equipo. Pero mi hogar, como ya les mencioné anteriormente, vivía acechado por el fantasma del divorcio. A menudo, mi mamá recogía sus cosas y las mías y nos íbamos de la casa a vivir con parientes mientras mi papá y ella se calmaban. Eso implicaba para mí, cambio de escuela, nuevos amigos, abandonar el equipo... Recuerdo que una de esas veces el profesor de pelota llegó a mi casa a preguntar por qué yo no estaba asistiendo al entrenamiento. Y mi respuesta fue: para qué voy a entrenar, si en unos días me vuelvo a ir de esta casa. No tuve un hogar estable en donde crecer y desarrollar mis talentos. Tampoco fui animado a hacer cosas difíciles, a comenzar algo y terminarlo.

Mis primeros años de adulto estuvieron marcados por la inestabilidad y mi incapacidad para perseverar en algo hasta el final.

Fue hasta hace muy poco que con la ayuda de Dios pude superar ese trauma. Perdoné a mis padres y las heridas que causaban mi inseguridad sanaron.

Traumas tipo B:
Aquellas cosas que nunca debí haber recibido, pero recibí.

Por Ejemplo:

- Violencia Física: golpes en la cara, halones de cabellos, castigos que infrinjan dolor.
- Hacerle cosquillas a un niño sin detenerse, aun cuando sobrepasa su límite de tolerancia.
- Abuso sexual que incluye caricias inadecuadas, violaciones, exhibicionismo.
- Abuso Verbal: gritos o apodos hirientes.
- Abandono emocional o físico.
- Ser expuesto a la pornografía.
- Presenciar abuso físico y/o verbal entre los padres o a hermanos.
- Crecimiento mal dirigido, instrucción errónea o malos modelos.

Esta última genera personas que maduran de maneras torcidas. Desafortunadamente, muchos de nosotros tuvimos malos modelos en nuestras vidas, “adultos” que en sus diferentes roles (hombres, mujeres, padres, madres, hijos, hermanos, amigos...) no nos modelaron a Dios, por el contrario, nos enseñaron conceptos errados.

PROVERBIOS 3:5-7

FÍATE DE JEHOVÁ DE TODO TU CORAZÓN, Y NO TE APOYES EN TU PROPIA PRUDENCIA. RECONÓCELO EN TODOS TUS CAMINOS, Y ÉL ENDEREZARÁ TUS VEREDAS.

Abriendo mi corazón (Marialina) (Trauma tipo B)

Como les compartí anteriormente, yo crecí en un hogar de disciplina estricta. Mi mamá dio muchos besos y abrazos, pero también disciplinó con ira y golpes.

Yo, la mayor parte del tiempo, me portaba muy bien, así que a mí no me tocó mucho de eso último, pero mi hermano no corrió con la misma suerte. Recuerdo que cuando mi mamá se ponía brava con mi hermano, yo me escondía y a veces lloraba.

Una vez que me convertí en adulta y comencé a pensar en tener familia, la posibilidad de tener hijos me daba temor. Con cada uno de mis embarazos, le pedí al Señor que me diera hembra y Dios me dio hembras. Un día, ya con todas mis hijas nacidas, Dios me reveló la raíz de ese temor a tener varones. Yo había quedado traumatizada por la forma en que mi hermano era disciplinado y había creído la mentira de que a los varones había que disciplinarlos así. Había que ser duro con ellos.

Sentí un dolor muy fuerte en mi corazón ese día y lloré mucho al recodar esos eventos de mi niñez. El dolor, la angustia y el temor que sentía de pequeña regresaron como si los estuviera viviendo.

Siempre había creído que Dios me había dado hijas para complacerme porque me gustan mucho las niñas, pero la realidad era otra. Dios tuvo misericordia de mí y de mi corazón profundamente herido. Fue un momento de mucha sanidad para mí, y eso me unió emocionalmente más a mi hermano. Perdoné a mi mamá y Dios sanó la herida en mi corazón y echó fuera la mentira que había creído. Ahora anhelo tener nietos varones y me siento lista para recibirlos.

Como puedes ver hay muchas cosas que sanar y resolver. Pero si te fijaste bien, viste que Dios tiene promesas para prosperarte, sanarte y enderezar tus caminos. Él quiere bendecir tu vida, que madures para que puedas ser íntegro y alcances todo el potencial que hay en ti.

Si ves falta de madurez en ti después de examinar los conceptos anteriores, ánimo, Dios está contigo y como leíste en los versículos que acompañaron cada uno de los conceptos, Él puede y quiere ayudarte. Dios quiere arrancar de tu alma todo aquello que impide que crezcas, y quiere derramar sobre tu corazón todo el amor que anhelaste recibir y te fue negado.

Es muy importante que entiendas que esto no se trata de buscar culpables y mucho menos de deshonrar a tus padres o personas que estuvieron en autoridad en tu vida. Esto se trata de hacerte responsable de lo que ahora puedes hacer por ti mismo con la ayuda de Dios.

Aceptar que no podemos cambiar el pasado ni a otras personas, pero si podemos perdonar y abrir nuestro corazón para que Dios nos sane y nos libere de todo lo que nos impide crecer, es clave en la comprensión de este capítulo. El proceso de salir del estancamiento en la madurez es en general doloroso porque te llevará a visitar eventos del pasado que causaron heridas en tu corazón. Heridas que no han sido sanadas sino ignoradas. Heridas que aún sangran dentro de ti y que causan profundo dolor a tu alma e impiden que tus relaciones presentes estén fundamentadas en el amor. Las heridas que no se sanan, no mejoran con el tiempo, sino empeoran. Necesitarás gozo para enfrentarlo.

Gozo

HEBREOS 12:2

(JESÚS) EL CUAL POR EL GOZO PUESTO DELANTE DE ÉL SUFRIÓ LA CRUZ, MENOSPRECIANDO EL OPROBIO, Y SE SENTÓ A LA DIESTRA DEL TRONO DE DIOS.

El Hijo de Dios necesitó gozo para enfrentar el dolor de la cruz. Tú también lo necesitarás para lidiar con tu propia cruz. Así que decide entregar a Jesús tus cargas y tomar la carga de Él que es fácil y ligera.

El gozo en su esencia es relacional. Es lo que sientes cuando alguien sabe todo de ti y aún así te ama. Lo encontrarás en una relación profunda con Dios. Exponiéndote a su presencia y a su amor en tiempos de calidad con Él. (Mas adelante te daremos instrucciones precisas para tener estos tiempos).

También encontrarás gozo al relacionarte con hermanos maduros con quienes puedas abrir tu corazón. Hermanos con quienes puedas ser transparente, que caminen contigo infundiéndote esperanza, que no te juzguen sino provean misericordia y verdad a tu vida.

Si estás caminando hacia los brazos del Padre con nuestra comunidad, queremos que sepas que estamos aquí para ayudarte, acompañarte y guiarte en este proceso hermoso de recibir vida. Queremos adoptarte como parte de nuestra familia mientras eres sanado y capacitado por Dios para el plan que tiene para ti. Si estas leyendo este libro por tu cuenta, ora al Padre en el nombre de Jesús para que Él provea consejeros piadosos que puedan sostener tus manos durante este tiempo, animándote a ser todo lo que Dios quiere que seas.

Los traumas tipo B serán sanados directamente por Dios en tus tiempos a solas en oración con Él. Sin embargo, la sanidad de los traumas tipo A requerirá de una comunidad restauradora. Personas maduras que te adopten en sus familias para que puedas recibir todo aquello que no has recibido.

Esto no quiere decir que otras personas son responsables por tu madurez. Tú eres responsable por tu maduración y Dios espera que te esfuerces para lograrla.

La madurez no es un subproducto de la salvación, ni tampoco un don espiritual, es el resultado del esfuerzo consciente del cristiano por acercarse más y más al Padre caminando El Camino, dejándose guiar por el Espíritu Santo y perfeccionar y liberar por La Verdad, mientras aprende a vivir La Vida en abundancia.

SANTIAGO 1:4 (DHH)

PERO PROCUREN QUE ESA FORTALEZA LOS LLEVE A LA PERFECCIÓN, A LA MADUREZ PLENA, SIN QUE LES FALTE NADA.

Si de verdad lo deseas y te esfuerzas Dios proveerá todo lo que necesites incluyendo a las personas que te acompañarán. Es clave que ores y esperes en Dios para saber quiénes son estas personas. Una vez que lo sepas, déjales saber que necesitarás de sus oraciones, consejos, corrección y amor para crecer y sanar. Dispón tu corazón con humildad y Dios hará.

El dolor temporal de tu proceso de sanidad terminará de una vez y por todas con el dolor profundo con el que has vivido por tantos años de tu vida desde que recibiste cada herida que aún sangra en tu corazón. Recuerda, el pasado no es pasado si lo recuerdas con frecuencia y vives diariamente en dolor por no haberlo resuelto aún. Sé valiente, la restauración de tu alma y tu sanidad interior son seguras si abres con humildad tu corazón a Dios y a personas maduras con quien puedas establecer vínculos de amor.

Vínculos[1]

Los vínculos entre personas son el fundamento sobre el cual se construye la madurez. Son aquellas conexiones que nos dan vitalidad, motivan nuestras acciones y establecen nuestra identidad. Es el intercambio de recibir y dar en nuestros vínculos la revelación de lo que es verdaderamente importante.

Hay dos tipos de vínculos: vínculos de temor y vínculos de amor. Estos vínculos son esencialmente diferentes e incompatibles dado que en una relación sólo uno de los dos existe.

Vinculo de temor: Este vínculo se forma en función de evitar sentimientos negativos y dolor.

Me motiva evitar la vergüenza, la humillación, el abandono, la culpa o aun el abuso físico. Se hace indispensable el engaño y la simulación. No se pueden compartir sentimientos positivos ni negativos con libertad. Cuanto más cerca está de la persona, mayor es el temor, de modo que tengo que evitar la cercanía. Por otro lado, busca estar cerca para poder controlar. Sientes que siempre te están evaluando. No puedes ser tú mismo. A pesar de que me han rechazado, continúo esperando aprobación de esa relación.

Las personas con vínculos de temor en sus vidas no viven en abundancia.

Si después de pasar tiempo con alguien, te sientes tenso, ansioso, exhausto, es muy probable que la relación esté basada en un vínculo de temor.

El único vínculo de "temor" que tiene sentido de verdad es el temor a Dios, porque si fijamos nuestra vista en Él por temor, siempre descubriremos que Él nos ama.

Vinculo de amor: Basado en amor y caracterizado en la verdad, cercanía, intimidad, gozo, paz, perseverancia y entrega auténtica.

Impulsado por el deseo de estar con la persona. Este vínculo se fortalece tanto cuando estás cerca como cuando estás lejos. Comparten sentimientos negativos como positivos. Este vínculo te anima a ser tú mismo. Te apoya, te valora, te motiva a hacer cosas difíciles, te da oportunidades.

El vínculo de amor opera desde el centro de gozo que está localizado en la corteza prefrontal orbital derecha del cerebro y es la única sección del mismo que retiene la capacidad de crecer durante toda nuestra vida garantizándonos la posibilidad de restauración y sanidad del alma a cualquier edad. Y permitiéndonos cambiar nuestros vínculos de temor por vínculos de amor.

Pasos esenciales para cambiar vínculos de temor a vínculos de amor.

---

[1] Dr. James G. Friesen, Dr. E. James Wilder, Lic. Anne M. Bierling, Lic. Rick Koepcke, y Lic. Maribeth Poole – "El Modelo de Vida: Viviendo Según el Corazón Que Jesús Te Ha Dado".

1. Abre tu corazón al amor de Dios y déjate amar por Él. (El apóstol Juan, se llama a sí mismo, en el evangelio que lleva su nombre, el discípulo al que Jesús amaba. El saberse y sentirse amado por Jesús lo llevó a permanecer firme frente a la cruz. Él no corrió y abandonó a su Maestro como el resto de los discípulos. El amor de Jesús en su corazón lo había perfeccionado echando fuera el temor.) 1 Juan 4:18 En el amor no hay temor, sino que el perfecto amor echa fuera el temor; porque el temor lleva en sí castigo. De donde el que teme, no ha sido perfeccionado en el amor.
2. Conócete (Permítele a Dios enseñarte quién eres, déjate examinar por Él y se humilde) Salmos 139:23-24
3. Hazte responsable de tus propias acciones y sentimientos.
4. Reconoce los vínculos de temor que están presentes en tu vida y pide ayuda a Dios para cambiarlos.
5. Deja de querer controlar y cambiar a otros y concéntrate en cambiar tú.

COLOSENSES 3:14

Y SOBRE TODAS ESTAS COSAS VESTÍOS DE AMOR, QUE ES EL VÍNCULO PERFECTO

Examen del Corazón

¿Crees que te conoces a ti mismo?

¿Qué cosas te producen gran satisfacción?

¿Cuáles son tus atributos personales que más te enorgullecen?

¿Qué relaciones te hacen experimentar el gozo?

¿Te sientes valorado por quién eres sin necesidad de posiciones y títulos?

¿Te preocupa lo que otros piensen de ti?

¿A qué le temes?

¿Dejas que tus temores te controlen?

¿Tratas de controlar a otras personas?

Etapas de la Madurez[1]

La madurez se puede medir a través de etapas. Cada etapa se distingue de las demás por la manera en que las personas reciben y dan vida. Necesitamos completar la maduración de las etapas en orden. Como adulto te tocará completar las tareas de las primeras dos etapas antes de que puedas completar las tareas de adulto. Observa la tabla a continuación y pídele a Dios que le revele a tu corazón en qué etapa de madurez te encuentras. No tengas temor de aceptar que eres inmaduro. Estás leyendo este libro porque Dios quiere que eso cambie. Al final de este capítulo te ayudaremos a orar con humildad para que Dios te guíe y te revele en qué etapa te encuentras.

[1] Dr. James G. Friesen, Dr. E. James Wilder, Lic. Anne M. Bierling, Lic. Rick Koepcke, y Lic. Maribeth Poole – "El Modelo de Vida: Viviendo Según el Corazón Que Jesús Te Ha Dado".

ETAPAS	TAREAS MÁS IMPORTANTES A CUMPLIRSE EN CADA ETAPA	PROBLEMAS PRIMARIOS CUANDO LA ETAPA QUEDA INCONCLUSA
Bebé (0-3 años)	Aprender a recibir (recibir amor y cuidado incondicional)	Identidad débil, relaciones basadas en vínculos de temor. Produce una personalidad manipuladora, egocéntrica, egoísta y disconforme.
Niño (4-12 años)	Aprender a cuidarse a sí mismo. Aprender a hacer cosas difíciles.	No se hace cargo de si mismo. Desarrolla mentalidad de víctima. Culpa a otros de todos sus problemas.
Adulto (13-hasta el nacimiento del primer hijo)	Cuidar de sí mismo y de otro simultáneamente. Se hace responsable por sus acciones.	No tiene la capacidad de participar en relaciones mutuamente satisfactorias
Padre (desde el nacimiento del primer hijo hasta que el menor llega a la mayoría de edad)	Cuidar sacrificadamente de los hijos.	Relaciones familiares distantes o conflictivas que dan origen a familias disfuncionales.
Adulto Mayor (comienza cuando el hijo menor se hace adulto.)	Cuida de una comunidad y de aquéllos que no tienen familia. (adopta hermanos, hijos, nietos)	La madurez general de la comunidad declina.

Como puedes ver después de examinar el cuadro, cuando las tareas en cada una de estas etapas no se cumplen, las personas quedan estancadas en sus procesos de maduración en la etapa en que las tareas en cuestión fallaron.

Si quedaste estancado en cualquiera etapa anterior a tu madures física, frecuentemente te comportarás como lo hacen los que físicamente pertenecen a esa etapa:

> Los "adultos" bebés dan pataletas, gritan para pedir lo que necesitan, no pueden poner en palabras sus emociones porque "no saben hablar" y sólo piensan en sus necesidades sin tener en cuenta las de otros a su alrededor. Son totalmente egoístas y todo en su mundo se trata de ellos (sus deseos, sus necesidades, sus sueños, su cansancio, sus intereses, su tiempo...) El yo está sentado en el trono de su corazón y no Cristo. Estas son personas que se relacionan a través de vínculos de temor y no a través de vínculos de amor, que no saben amarse a sí mismos ni a otros.

> Los "adultos" niños viven responsabilizando a otros de sus problemas. Comienzan muchas cosas y terminan muy pocas, pasan el tiempo deprimidos esperando que alguien haga algo por ellos. Se conforman y justifican todo el tiempo cuando fracasan en vez de levantarse y creer que la próxima vez lo lograrán si pueden ver sus errores y corregirlos.

En general esto trae consecuencias desastrosas a la familia y por ende a la sociedad. Estos individuos inmaduros son incapaces de permanecer cuando las cosas se hacen difíciles en sus matrimonios. Se convierten en esposos infieles y/o padres que ejercen la paternidad con resentimiento y amargura, que son incapaces de cuidar a sus hijos sino esperan que sus hijos pequeños los cuiden a ellos, que ponen sus carreras y metas personales por encima de sus responsabilidades familiares porque sus prioridades están fuera de orden y balance.

Orden correcto de prioridades

1. Dios & Iglesia (Es el cuerpo de Cristo y no puedes separar la cabeza de su cuerpo)
2. Familia
3. Trabajo

Es de suma importancia que usted sea honesto al analizar si su vida está en el orden y el balance correcto. La mayoría de las veces es fácil corregir el orden si lo hemos tenido equivocado; sin embargo, no es tan fácil corregir el balance. El tema del balance se presta mucho para manipular a otros y para engañarnos a nosotros mismos. Si queremos realmente obedecer a Dios necesitamos tener en cuenta que hay cosas que tenemos que hacer sin descuidar las otras.

Ejemplos:

1. Si una mamá tiene a su niño enfermo el Domingo, quédense en casa para atenderlo y cuidarlo; no lo traiga a la reunión de la iglesia. Cuidar a su familia va primero que la reunión de la iglesia. Cuando cuida a su familia cuida a la iglesia porque su familia es parte de ella. Sin embargo, no planee las reuniones familiares los Domingos para usarlo como excusa para no ir a la iglesia. Ni deje que sus familiares inconversos lo motive a faltar a la iglesia con la excusa de celebraciones mundanas... Usted y sus hijos, si es padre, necesitan ir a la iglesia porque Dios nos manda a congregarnos. Ir

a la iglesia es obedecer a Dios. Obedecer a Dios es lo mejor que puedes hacer por tu familia. Recuerde Jesucristo no viene por familias viene por su iglesia.

2. Si todo el tiempo que tienes para pasar a solas con Dios, leyendo su palabra, orando y escuchándolo lo usas para servir en la iglesia estás fuera de orden y balance y muy probablemente huyendo de un encuentro real con Dios. Servir en tu congregación es bueno, servir al prójimo es maravilloso, pero si descuidas tu tiempo personal con Dios muy probablemente harás todas estas cosas con la motivación equivocada y terminarás herido y/o hiriendo a otros.
3. Si en tu trabajo hay una emergencia y te necesitan un Domingo, ve y da un buen testimonio de lo que es ser cristiano; pero no busques trabajar todos los domingos porque ese es el día en que recibes la enseñanza que Dios le ha dado a tu pastor para que te alimente y es el tiempo en que compartes con tus hermanos en la fe.
4. Tu familia necesita ser atendida por ti. Necesita de tu tiempo, instrucción, abrazos, palabras de afirmación, presencia..., pero también necesita comer, techo, orden... No te quedes como un vago/a en casa sin hacer nada mientras tu familia pasa necesidades económicas y tu casa está en desorden. Encuentra el balance correcto y esfuérzate y se valiente.

Abriendo mi Corazón (Andrés)

Cuando conocí a mi esposa, mi condición física era óptima. Hacía ejercicios todos los días, y tenía unos cuantos años de menos. Sin embargo, mi condición emocional y espiritual eran pésimas. Yo era un adulto bebé demandante y egoísta que buscaba satisfacer mis necesidades básicas y además, esperaba que las personas a mi alrededor supieran cuáles eran esas necesidades aun sin yo expresarlas. Aunque parecía maduro en muchas áreas de mi vida, realmente era seudo maduro (alguien que aparenta ser maduro, pero no lo es). Muy dentro de mí estaba lleno de temores, de inseguridades, de arrogancia. No podía poner en palabras mis emociones. Cuando algo me molestaba, me aislaba, abandonaba, huía. Mis relaciones de pareja habían sido superficiales, totalmente carnales y me habían dejado el fruto de una hija hermosa a la que no le di un hogar verdadero porque nunca me casé con su mamá. Poco después de su nacimiento cuando aún era una bebé, la abandoné para venir a Estados Unidos de América y vivir mi sueño de libertad en este país. Aunque dos años más tarde logré traerla y tenerla de nuevo a mi lado, me perdí una etapa vital de su crecimiento y la privé de mi amor, presencia e instrucción por todo ese tiempo. ¡Cuánto me arrepiento de eso!

Reconocer mis pecados, arrepentirme y pedir perdón a Dios y a ella, fue el comienzo de la sanidad de mi alma. Dios me llevó por un proceso profundo en el que me permitió ver muchos de los traumas que había vivido en mi etapa de bebé y de niño. Algunos de los cuales ya he compartido con ustedes en los capítulos anteriores. Por la gracia y la misericordia de Dios, he sido perdonado por Él y por mi hija y la mayoría de mis traumas han sido sanados. Entendí también que es mi responsabilidad como adulto perdonar a mis padres y no enjuiciarlos.

Abriendo mi Corazón (Marialina)

A mis treinta años comenzó la tormenta del divorcio en mi vida y en la de mis dos hijas mayores. Me sentía decepcionada, rechazada, no amada, traicionada, humillada. Me hundía en pensamientos de fracaso y la depresión era frecuente. Perdí mucho peso, llegué a pesar menos de 100 libras.

Mi estado físico no era muy bueno, pero mi condición emocional y espiritual era aún peor. Era una adulta niña que todavía no sabía cómo cuidarse a sí misma y ahora se encontraba con la responsabilidad de mantener una casa y a sus dos hijas sola. Fue un tiempo muy difícil para mí porque me alejé de Dios. Mis oraciones se convirtieron en peleas con Él. Le reclamaba mi fracaso y frustración. Responsabilizaba a muchas personas por mi dolor, menos a mí misma.

En medio de todo ese caos, me refugié en lo único que creía que podía darme valor: una carrera universitaria. Abandoné emocionalmente a mis hijas. Especialmente a mi hija mayor que en ese entonces tenía sólo tres años. Estudiar por largas horas era mucho más fácil para mí que escucharla llorar y hacer preguntas sobre su papá. Me he arrepentido de todo corazón por no haber estado más tiempo a su lado para consolarla y por haber agregado más dolor a su corazón con mi ignorancia y egoísmo.

Con la excusa de proveer para las necesidades materiales de ellas, descuidé la necesidad más importante que tenían como bebés, recibir amor y cuidado incondicional.

Dios tuvo misericordia de mí y no me dejó en el plan de victima por mucho tiempo, sino me confrontó y me mostró mis errores. Yo tenía responsabilidad en todo ese desastre. Yo había sido desobediente pues había escogido mi propio camino e ignorado la voluntad de Él. Tristemente, mi camino terminó en muerte.

Hoy puedo agradecer a Dios y a mis princesas por su perdón. Muchas heridas en el corazón de ellas han sido sanadas y otras están en proceso de sanidad. Gracias a la misericordia de Dios, tuve el privilegio de enseñarlas en casa por años. El Señor usó ese tiempo para trabajar en mi corazón y cambiar el vínculo de temor que tenía con ellas en un vínculo hermoso de amor.

También usó esos años para trabajar en mi madurez y enseñarme a ser madre. Todavía hay cosas que sanar en mí y en el corazón de mis hijas, pero sé que Dios es fiel y terminará la obra de amor que ha comenzado en nosotras.

El apóstol Pablo nos inspira a madurar con su testimonio personal:

> **1 CORINTIOS 13:11**
>
> *CUANDO YO ERA NIÑO, HABLABA COMO NIÑO, PENSABA COMO NIÑO, JUZGABA COMO NIÑO; MAS CUANDO YA FUI HOMBRE, DEJÉ LO QUE ERA DE NIÑO.*

Theodore Austin – Sparks[2] expresó con mucha claridad la verdad de nuestra naturaleza caída e imperfecta en su libro La Escuela de Cristo, diciendo: “Cuando usted llega a lo mejor de usted mismo, todavía hay un abismo entre usted y los principios de Cristo que no puede ser superado. Si usted logra lo mejor de usted mismo, todavía no ha comenzado en Cristo.”

Este hombre, que dedicó su vida al servicio a Dios, sabía muy bien que en nuestras propias fuerzas era imposible lograr la madurez, pero si nos rendimos a Dios y dejamos que su Santo Espíritu obre en nosotros, entonces el proceso de crecimiento es seguro y sus frutos de valor eterno.

La promesa es ésta:

> **EFESIOS 4:11-16**
>
> *Y ÉL MISMO (JESÚS) CONSTITUYÓ A UNOS, APÓSTOLES; A OTROS, PROFETAS; A OTROS, EVANGELISTAS; A OTROS, PASTORES Y MAESTROS, A FIN DE PERFECCIONAR*

[2] Theodore Austin-Sparks (1888–1971), conocido como Mr. Sparks o TAS, fue un evangelista cristiano y autor de renombre, nacido en Gran Bretaña.

A LOS SANTOS PARA LA OBRA DEL MINISTERIO, PARA LA EDIFICACIÓN DEL CUERPO DE CRISTO, HASTA QUE TODOS LLEGUEMOS A LA UNIDAD DE LA FE Y DEL CONOCIMIENTO DEL HIJO DE DIOS, A UN VARÓN PERFECTO, A LA MEDIDA DE LA ESTATURA DE LA PLENITUD DE CRISTO; PARA QUE YA NO SEAMOS NIÑOS FLUCTUANTES, LLEVADOS POR DOQUIERA DE TODO VIENTO DE DOCTRINA, POR ESTRATAGEMA DE HOMBRES QUE PARA ENGAÑAR EMPLEAN CON ASTUCIA LAS ARTIMAÑAS DEL ERROR, SINO QUE SIGUIENDO LA VERDAD EN AMOR, CREZCAMOS EN TODO EN AQUÉL QUE ES LA CABEZA, ESTO ES, CRISTO, DE QUIEN TODO EL CUERPO, BIEN CONCERTADO Y UNIDO ENTRE SÍ POR TODAS LAS COYUNTURAS QUE SE AYUDAN MUTUAMENTE, SEGÚN LA ACTIVIDAD PROPIA DE CADA MIEMBRO, RECIBE SU CRECIMIENTO PARA IR EDIFICÁNDOSE EN AMOR.

ORACIÓN

Padre Celestial, recibo esta promesa para mi vida. Creo que quieres sanar mi alma y restaurarme para que yo crezca en Cristo y llegue a ser todo lo que me creaste para ser. Reconozco que necesito madurar, Señor, y te pido que me muestres esos obstáculos que me lo impiden para que yo pueda entregártelos y guiado/a por ti a la verdad sea libre de las mentiras que he creído. Provee personas maduras que caminen conmigo y sean instrumentos de tu amor en mi vida. Me dispongo a caminar el camino hacia tus brazos, Padre, a conocer la verdad y a vivir la vida en abundancia que Cristo me ha regalado. Moldéame, Señor, de acuerdo con tu voluntad. Te lo pido en el nombre de Jesús, Amén.

SEGUNDA PARTE

Llega a tu Destino

JUAN 14:5-6

DIJO ENTONCES TOMÁS: SEÑOR, NO SABEMOS A DÓNDE VAS, ASÍ QUE ¿CÓMO PODEMOS CONOCER EL CAMINO? YO SOY EL CAMINO, LA VERDAD Y LA VIDA —LE CONTESTÓ JESÚS—. NADIE LLEGA AL PADRE SINO POR MÍ.

La segunda parte de este libro te llevará por un viaje hermoso y restaurador en el que aprenderás a ser hijo mirando a Jesús (El Camino), como modelo a seguir. Cuando avances un poco más, conocerás La Verdad. Jesús hablará verdad a tu corazón y te liberará de las mentiras que has creído. Él también te enseñará a ser esposo, hermano y amigo. Finalmente, llegarás al Padre y podrás ver su corazón. En Él tendrás el modelo a seguir para dar vida y ser el padre/madre que anhelas ser para tus hijos.

Te damos la bienvenida con mucho gozo a la segunda parte de este libro. ¿Listo/a para comenzar a caminar?

En el siguiente capítulo:

- Aprenderás a enfocarte en lo que se enfocaba Jesús para poder ser más como Él (Hijo).
- Entenderás el porqué de muchas de tus luchas como hijo de Dios (corazón huérfano).
- Te enfocarás en perdonar y en pedir perdón; el perdón es la herramienta o medicina esencial en todo proceso de sanidad y libertad.
- Conocerás a Dios y Él seguirá sanándote y liberándote para llegar a ser todo lo que te creó para ser.

CAPÍTULO 5

El Camino

Jesús es El Camino y si Él fuera a darte una definición de que significa, podría ser esta:

C onóceme

A

M i

I ntegro

N oble

O bediente al Padre

Se conoce como camino a las vías que se construyen para permitir el desplazamiento de hombres y vehículos. Partiendo de este significado, el término puede hacer referencia a algo físico y real (como lo es una ruta por donde circulan los carros o un sendero para recorrer a pie que conduce hacia determinado lugar), o a un rumbo abstracto de carácter espiritual ("Quiero encontrar mi propio camino y ser feliz"). Un camino, por lo tanto, es también un concepto que deja al descubierto un cierto comportamiento moral ("Debes seguir un camino recto y honesto"), una orientación que debe respetarse para alcanzar un objetivo o arribar a algún lugar ("Sigue por ese camino y lo encontrarás") y un medio para conseguir algo ("Es el mejor camino para lograr un ascenso")[3].

Jesús dijo: "...Yo soy el camino..."

Esta declaración de Jesús nos dice que:

- Él es un camino
- Ese camino nos lleva a un destino, nos lleva a alguien.

¿A dónde va ese camino?

JUAN 14:12

DE CIERTO, DE CIERTO OS DIGO: EL QUE EN MÍ CREE, LAS OBRAS QUE YO HAGO, ÉL LAS HARÁ TAMBIÉN; Y AÚN MAYORES HARÁ, PORQUE YO VOY AL PADRE.

JUAN 14:28

HABÉIS OÍDO QUE YO OS HE DICHO: VOY, Y VENGO A VOSOTROS. SI ME AMARÁIS, OS HABRÍAIS REGOCIJADO, PORQUE HE DICHO QUE VOY AL PADRE; PORQUE EL PADRE MAYOR ES QUE YO.

JUAN 16:16

TODAVÍA UN POCO, Y NO ME VERÉIS; Y DE NUEVO UN POCO, Y ME VERÉIS; PORQUE YO VOY AL PADRE.

Jesús es el camino y ese camino va al Padre. Llegar a los brazos del Padre y tener una relación

[3] Esta definición de camino fue tomada de la página web: Definición de. http://definicion.de/camino/#ixzz3xcrUN

con Él debe ser la meta de cada cristiano. Sólo en una relación con el Padre Celestial el hombre encuentra satisfacción completa, plenitud y gozo verdadero.

Entonces, después que hemos aceptado a Jesús como nuestro salvador, ¿qué nos impide llegar al Padre?

Desafortunadamente, aún después de haber aceptado a Jesús como nuestro salvador seguimos siendo pecadores. Nuestra naturaleza no cambia; pero lo que sí cambia es nuestra posibilidad de acceso a Dios Padre y el vínculo que nos une a Él. Como explicamos en el capítulo uno, ahora no somos solamente su creación, ahora hemos recibido la potestad de ser hechos HIJOS.

> **JUAN 1:9-12**
>
> *AQUELLA LUZ VERDADERA, QUE ALUMBRA A TODO HOMBRE, VENÍA A ESTE MUNDO. EN EL MUNDO ESTABA, Y EL MUNDO POR ÉL FUE HECHO; PERO EL MUNDO NO LE CONOCIÓ. A LO SUYO VINO, Y LOS SUYOS NO LE RECIBIERON. MAS A TODOS LOS QUE LE RECIBIERON, A LOS QUE CREEN EN SU NOMBRE, LES DIO POTESTAD DE SER HECHOS HIJOS DE DIOS.*

Si soy HIJO, ¿por qué me mantengo lejos del Padre?

Me mantengo lejos del Padre porque tengo pensamiento de huérfano. No sé cómo ser hijo. Aunque soy hijo, me comporto como si no lo fuera. Me comporto como huérfano y en vez de correr a los brazos de mi Padre Celestial cuando tengo dudas, cuando necesito consuelo, cuando no sé qué hacer, cuando tengo temor, cuando me han herido...; reacciono con AUTOSUFICIENCIA (Yo puedo solo), con INDEPENDENCIA (Yo dirijo y controlo mi propia vida), con ARROGANCIA, (Yo sé lo que tengo que hacer), con ACTITUD DE VICTIMA, (Nadie me quiere, a nadie le importo).

Hemos entrado por la puerta estrecha que es Jesús, pero olvidamos que Él es también el camino que nos lleva al Padre. Así que, en vez de caminar hacia los brazos de Papá, nos quedamos en el umbral de esa puerta, cerca del mundo, de las tendencias del viejo hombre. Y cada vez que me encuentro en necesidad o en dolor, como aún no he experimentado en mi corazón el amor del Padre, salgo por la puerta a buscar consuelo en los refugios equivocados, algunos de ellos adicciones antiguas que aún no he superado (drogas, alcohol, ira, compras, juego, codependencia, adicciones sexuales como la pornografía, el adulterio, la fornicación, la lascivia, la homosexualidad) o cosas que aparentan ser menos nocivas (chisme, trabajo, juicios, servicio en la iglesia mientras abandono mi hogar), pero que de igual forma nos mantienen alejados del Padre y de su voluntad para nuestra vida.

Abriendo mi Corazón (Marialina)

Hace tiempo en una conversación con mi Padre Celestial, Él me enseñó algo que hasta hoy impacta mi vida. Yo meditaba en Salmos 138:6 "Porque Jehová es excelso, y atiende al humilde, mas al altivo mira de lejos." En mi mente visualizaba a Dios con el rostro molesto, mirando a alguien que tenía actitud altiva, mientras al mismo tiempo se alejaba de aquella persona. Entonces yo también me sumé a lo que creía era la actitud de Dios y me veía alejándome de las personas altivas que conozco. Fue en ese momento de necedad que escuché en mi corazón la voz de Dios que me decía, "Mari, ése no soy Yo. Yo no me alejo de las personas cuando su actitud es altiva, son ellos quienes se aleja de mí, mientras Yo los miro con tristeza, nunca con dureza."

Fue revelador para mí poder ver el corazón de mi Padre Celestial a través de esta imagen que ahora Dios mismo me revelaba echando fuera la mentira que había querido instalarse en mi corazón y en mi mente.

Aun cuando somos sus hijos, la altivez en nuestro corazón nos hace rechazar el amor de Dios y caminar en dirección opuesta a nuestra meta. Es en sus brazos que encontraremos consuelo, sanidad y amor, pero erróneamente, engañados por nuestros corazones enfermos, escogemos alejarnos de Él, temiendo ser rechazados, enjuiciados, criticados... Realmente, no conocemos a Dios, olvidamos fácilmente al Padre de la parábola del hijo pródigo que mencionamos en el capítulo tres y ponemos en su lugar una imagen de padre duro, demandante, exigente, injusto, violento; quizás la imagen del padre que tuvimos cuando pequeños. Olvidamos que Dios es AMOR y la esencia misma de él... (1 Corintios 13)

Para caminar el CAMINO y llegar al Padre necesitamos pensar y actuar como hijos y no como huérfanos. Si no hay anhelo en tu corazón por el Padre, ¿por qué caminarás el camino?

En los capítulos anteriores vimos todo lo que ha hecho el Padre Celestial para reconciliarse con nosotros. Él nos ha regalado SALVACIÓN, REDENCIÓN, RECONCILIACIÓN, y la hermosa promesa de PERFECCIONARNOS (Crecimiento/Madurez) a la imagen de su hijo Jesús.

A continuación, guiados por el Espíritu Santo, te ayudaremos a ver las cosas que te han mantenido pensando y actuando como huérfano y, por tanto, te han impedido caminar hacia los brazos del Padre Celestial y llegar a tu destino.

Diseño de Dios para el vínculo entre hijos y padres

Todo ser humano comienza su camino como hijo. Ser hijo para nuestros padres es el primer vínculo establecido por Dios para el hombre. Nadie escoge sus padres, Dios los escoge por nosotros y para nosotros. Y queremos recordarte que sin tus padres, no serías quién eres; más aún, no existirías. En lenguaje muy simple, eres la combinación de los cromosomas de tu padre y los de tu madre. Cualquier otra combinación o diferente fuente femenina o masculina daría un resultado diferente, no tú. Esto nos ayuda a ver la grandeza y amor de Dios por nosotros. Esto nos ayuda a tener gratitud por nuestros padres a pesar de sus grandes y pequeños errores.

Dios escogió darte vida y si estás leyendo este libro, es porque Él no quiere que sigas solamente respirando, sino quiere que vivas en abundancia.

Dios es perfecto y también lo es su diseño para las relaciones humanas, por tanto, cada uno de nosotros tiene responsabilidades que cumplir para relacionarnos de una manera sana y fructífera con las personas a nuestro alrededor. Esa manera sana de relacionarnos se expresa simplemente con la palabra: AMOR. En el capítulo anterior aprendiste lo que son vínculos de amor. En éste comenzarás a caminar hacia los brazos del Padre Celestial y mientras tu vinculo de amor con Él se fortalece, te motivaremos a cambiar los vínculos de temor que tengas con tus padres terrenales o figuras de autoridad en tu vida por vínculos sanos basados en el amor con que Dios te ha amado.

Recuerda, el amor es el vínculo perfecto (Colosenses 3:14). El amor es Dios.

Todo niño que viene a este mundo es el hijo o hija de alguien. Cada uno de nosotros fue creado con la necesidad de recibir amor de papá y mamá. Sin embargo, muchos de nosotros tuvimos padres que no conocían el amor, o que no lo habían recibido.

1 CORINTIOS 13:4-8

EL AMOR ES SUFRIDO, ES BENIGNO; EL AMOR NO TIENE ENVIDIA, EL AMOR NO ES JACTANCIOSO, NO SE ENVANECE; NO HACE NADA INDEBIDO, NO BUSCA LO SUYO, NO SE IRRITA, NO GUARDA RENCOR; NO SE GOZA DE LA INJUSTICIA, MAS SE GOZA DE LA VERDAD. TODO LO SUFRE, TODO LO CREE, TODO LO ESPERA, TODO LO SOPORTA. EL AMOR NUNCA DEJA DE SER...

Por tanto, esos padres no podían darnos algo que no tenían, algo que ellos mismos anhelaban, pero que no habían encontrado.

Algunos de nosotros tuvimos padres "buenos" y recibimos lo que nuestros padres creían que era amor, pero que realmente era su mejor esfuerzo para amarnos, pero no amor. Otros tuvieron padres que no eran muy "buenos" y fueron abusados, abandonados, maltratados de maneras tangibles y evidentes.

Si mis padres no conocían a Dios, no conocían el amor.

1 JUAN 4:7-8

AMADOS, AMÉMONOS UNOS A OTROS; PORQUE EL AMOR ES DE DIOS. TODO AQUÉL QUE AMA, ES NACIDO DE DIOS, Y CONOCE A DIOS. EL QUE NO AMA, NO HA CONOCIDO A DIOS; PORQUE DIOS ES AMOR.

Si mis padres "conocían" de Dios, pero no vivían en obediencia absoluta a Él, entonces el pecado de mis padres fue parte de mi vida y hubo ausencia de amor en mi hogar.

1 JUAN 2:5

PERO EL QUE GUARDA SU PALABRA, EN ÉSTE VERDADERAMENTE EL AMOR DE DIOS SE HA PERFECCIONADO

Por otra parte, la mayoría de nosotros podemos decir que no fuimos verdaderos hijos a nuestros padres. Los desobedecimos, les mentimos, nos rebelamos contra su autoridad....

Lo cierto es que cada ser humano sea el padre o el hijo en una relación tiene responsabilidades ante Dios. Responsabilidades que nos son dadas por el creador y que no están condicionadas a las actitudes o conductas del otro individuo en esa relación. ¿Cómo expresar esto mejor?

El pecado de mis padres contra mí es su responsabilidad ante Dios.

Mi pecado contra mis padres es mi responsabilidad ante Dios.

SANTIAGO 1:13-14

CUANDO ALGUNO ES TENTADO, NO DIGA QUE ES TENTADO DE PARTE DE DIOS; PORQUE DIOS NO PUEDE SER TENTADO POR EL MAL, NI ÉL TIENTA A NADIE; SINO QUE CADA UNO ES TENTADO, CUANDO DE SU PROPIA CONCUPISCENCIA ES ATRAÍDO Y SEDUCIDO.

A continuación, te presentamos una lista de responsabilidades que debiste haber cumplido como hijo y algunas que aún debes cumplir. Al lado encontrarás también las responsabilidades de padre y madre. Nos gustaría que durante las enseñanzas de este capítulo te enfocaras en verte como hijo (aunque en este momento de tu vida ya seas padre o madre) y que le permitieras a Dios mostrarte tus faltas (pecado propio) como hijo para que puedas arrepentirte de ellas y recibir su perdón. Ese perdón vendrá acompañado de limpieza y comenzará de una manera milagrosa la sanidad de tu alma y por ende tu crecimiento. Después de haber recibido perdón, tendrás perdón para perdonar a quienes te han herido (Traumas A y B) en especial a tus padres que fueron los primeros seres humanos que debieron amarte.

Sabemos que hay mucho dolor en el corazón de los hijos y Dios también lo sabe. Las heridas que nuestros padres nos causaron son en su mayoría las que más nos duelen, las que más infestadas están en nuestra alma porque llevan muchos años de nuestra vida sangrando. El perdón debió ser el antibiótico para sanarlas, pero la mayoría de nosotros nunca fuimos enseñados a perdonar, ni tampoco a pedir perdón genuinamente.

Cree, el camino apenas comienza, pero si te esfuerzas y eres obediente a las instrucciones que te estamos compartiendo, saldrás del estancamiento, crecerás, experimentarás gran libertad y llegarás a ser todo lo que Dios te creó para ser. Recuerda, la decisión de hacerlo es totalmente tuya, la provisión para lograrlo viene de Dios y por tanto, es segura.

Responsabilidades de los Hijos y de los padres

Observa la siguiente tabla y haz un análisis preliminar de tu conducta como hijo/a basado en las responsabilidades de hijo/a que ella detalla y sustenta con la palabra de Dios.

Responsabilidades de Hijo	Responsabilidades de los Padres
HONRAR PADRE Y MADRE **Deuteronomio 5:16** Honra a tu padre y a tu madre, como Jehová tu Dios te ha mandado, para que sean prolongados tus días, y para que te vaya bien sobre la tierra que Jehová tu Dios te da.	**PROVEER** **Juan 14:2** En la casa de mi Padre muchas moradas hay; si así no fuera, yo os lo hubiera dicho; voy, pues, a preparar lugar para vosotros. **Mateo 7:9** ¿Qué hombre hay de vosotros, que, si su hijo le pide pan, le dará una piedra? ¿O si le pide un pescado, le dará una serpiente?
ALEGRAR A LOS PADRES **Proverbios 10:1** El hijo sabio alegra al padre, pero el hijo necio es tristeza de su madre. **Proverbios 15:20** El hijo sabio alegra al padre; mas el hombre necio menosprecia a su madre. **Proverbios 27:11** Sé sabio, hijo mío, y alegra mi corazón, y tendré qué responder al que me agravie.	**INSTRUIR** **Proverbios 22:6** Instruye al niño en su camino, y aún cuando fuere viejo no se apartará de él. **Deuteronomio 6:6-7** Y estas palabras que yo te mando hoy, estarán sobre tu corazón; y las repetirás a tus hijos, y hablarás de ellas estando en tu casa, y andando por el camino, y al acostarte, y cuando te levantes.
OBEDECER **Colosenses 3:20** Hijos, obedeced a vuestros padres en todo, porque esto agrada al Señor. **Efesios 6:1** Hijos, obedeced en el Señor a vuestros padres, porque esto es justo	**NO LLEVAR A NUESTROS HIJOS A LA IRA** **Colosenses 3:21** Padres, no exasperéis a vuestros hijos, para que no se desalienten **Efesios 6:4** Y vosotros, padres, no provoquéis a ira a vuestros hijos.
RECIBIR CONCEJO / OIR **Proverbios 13:1** El hijo sabio recibe el consejo del padre; mas el burlador no escucha las reprensiones. **Proverbios 1:8-9** Oye, hijo mío, la instrucción de tu padre, y no desprecies la dirección de tu madre; porque adorno de gracia serán a tu cabeza, y collares a tu cuello.	**DISCIPLINAR / CORREGIR** **Proverbios 13:24** El que detiene el castigo, a su hijo aborrece; mas el que lo ama, desde temprano lo corrige. **Efesios 6:4** ...sino criadlos en disciplina y amonestación del Señor. **Proverbios 23:13-14** No rehúses corregir al muchacho; porque si lo castigas con vara, no morirá. Lo castigarás con vara, y librarás su alma del Seol.
CUIDAR A LOS PADRES ANCIANOS **Proverbios 23:22** Escucha a tu padre, que te engendró, y no desprecies a tu madre cuando envejezca. **1 Timoteo 5:44** Pero si alguna viuda tiene hijos, o nietos, aprendan éstos primero a ser piadosos para con su propia familia, y a compensar a sus padres; porque esto es lo bueno y agradable delante de Dios.	**ENTREGAR BENDICIÓN Y HERENCIA A LOS HIJOS** **Génesis 27:4** Jacob obtiene la bendición de Isaac y hazme un guisado como a mí me gusta, y tráemelo, y comeré, para que yo te bendiga antes que muera. **Génesis 15:4** Luego vino a él palabra de Jehová, diciendo: No te heredará éste, sino un hijo tuyo será el que te heredará.

¿Cuáles de estas responsabilidades debimos de cumplir primero las de hijos o las de padres?

Por diseño del creador somos hijos antes de ser padres. Por tanto, debemos de cumplir con las responsabilidades de hijos mucho antes de que lleguemos a ser padres. Algunos de nosotros queremos ser padres cuando nunca aprendimos a ser hijos. Algunos jóvenes creen que podrán ser mejores padres que sus padres sin haber aprendido a ser hijos.

Debido al pecado que mora en nosotros, nacemos con un espíritu de independencia y queremos el control de nuestras vidas. Esto afecta nuestra relación con nuestros padres, demás autoridades en nuestra vida y, por ende, con Dios.

Cada día vemos más y más el deterioro de las relaciones de los padres con sus hijos y de los hijos con sus padres. La desobediencia, la rebeldía, la ira, la injusticia, la irresponsabilidad, la culpa, entre muchas otras actitudes destructivas, han deteriorado y hasta en algunos casos destruido al primer vinculo establecido por Dios en las relaciones humanas, el vínculo hijo-padre. La sociedad camina hacia su propia destrucción al ignorar las responsabilidades antes mencionadas en la palabra de Dios.

Sin embargo, Dios nos enseña en Malaquías 4:6 que habrá reconciliación. "El hará volver el corazón de los padres hacia los hijos, y el corazón de los hijos hacia los padres, no sea que yo venga y hiera la tierra con maldición."

La versión amplificada en inglés de este versículo se traduce de la siguiente manera:

"Él reconciliará el corazón de los padres* (padres distanciados de sus hijos) con el corazón de sus hijos (hijos fuera de la voluntad de Dios), y el corazón de los hijos (hijos rebeldes) con el de sus padres* (padres piadosos). (Una reconciliación producida por el arrepentimiento de aquellos en pecado.)"

*en el hebreo original la palabra usada es solamente para el género masculino, o sea papás.

Dependiendo del tipo de papá que hayas tenido estarás más dispuesto a acercarte al Padre Celestial o tenderás a huir de Él.

El hijo Adán

Adán recibió la tierra como herencia de parte de Dios. El huerto del Edén era su hogar y él tenía acceso directo a su Padre Celestial, que le amaba.

BENDICIÓN - HERENCIA

GÉNESIS 1:27-30

Y DIJO DIOS: HE AQUÍ QUE OS HE DADO TODA PLANTA QUE DA SEMILLA, QUE ESTÁ SOBRE TODA LA TIERRA, Y TODO ÁRBOL EN QUE HAY FRUTO Y QUE DA SEMILLA; OS SERÁN PARA COMER. Y A TODA BESTIA DE LA TIERRA, Y A TODAS LAS AVES DE LOS CIELOS, Y A TODO LO QUE SE ARRASTRA SOBRE LA TIERRA, EN QUE HAY VIDA, TODA PLANTA VERDE LES SERÁ PARA COMER. Y FUE ASÍ.

Adán también recibió INSTRUCCIÓN en el camino correcto y Dios le había advertido de las consecuencias de desobedecer.

INSTRUCCIÓN

GÉNESIS 2:16-17

Y MANDÓ JEHOVÁ DIOS AL HOMBRE, DICIENDO: DE TODO ÁRBOL DEL HUERTO PODRÁS COMER; MAS DEL ÁRBOL DE LA CIENCIA DEL BIEN Y DEL MAL NO COMERÁS; PORQUE EL DÍA QUE DE ÉL COMIERES, CIERTAMENTE MORIRÁS.

Tristemente el hombre no valoró su herencia, ni obedeció la instrucción de su Padre. Aún más, Dios tenía una misión para el hombre arraigada a la propia naturaleza divina.

Misión de Dios para el Hombre

Recibir su AMOR y entregarlo a otros.

Obviamente al alejarse de Dios, el hombre quedó imposibilitado de cumplir con esta misión. Pero Jesús cambió eso con su sacrificio. Él es el camino de regreso al amor.

Es muy probable que al leer los capítulos anteriores ya te hayas dado cuenta de la importancia del amor y tu necesidad de él. Ya sabes que el amor es Dios y Dios es amor. Es por eso que el amor tiene PREEMINENCIA.

¿Qué es preeminencia?

El concepto permite nombrar al beneficio, la gracia, el favor o la dispensa que una persona o una cosa disfruta en comparación con otra por alguna razón particular. Puede entenderse a la preeminencia como el privilegio o la superioridad que goza algo o alguien.[4]

1 CORINTIOS 13:1-3

SI YO HABLASE LENGUAS HUMANAS Y ANGÉLICAS, Y NO TENGO AMOR, VENGO A SER COMO METAL QUE RESUENA, O CÍMBALO QUE RETIÑE. Y SI TUVIESE PROFECÍA, Y ENTENDIESE TODOS LOS MISTERIOS Y TODA CIENCIA, Y SI TUVIESE TODA LA FE, DE TAL MANERA QUE TRASLADASE LOS MONTES, Y NO TENGO AMOR, NADA SOY. Y SI REPARTIESE TODOS MIS BIENES PARA DAR DE COMER A LOS POBRES, Y SI ENTREGASE MI CUERPO PARA SER QUEMADO, Y NO TENGO AMOR, DE NADA ME SIRVE.

Es por esto que: El GRAN MANDAMIENTO PRECEDE A LA GRAN COMISIÓN.

GRAN MANDAMIENTO (MATEO 22:30-38)

MAESTRO, ¿CUÁL ES EL GRAN MANDAMIENTO EN LA LEY? JESÚS LE DIJO: AMARÁS AL SEÑOR TU DIOS CON TODO TU CORAZÓN, Y CON TODA TU ALMA, Y CON TODA TU MENTE. ESTE ES EL PRIMERO Y GRANDE MANDAMIENTO.

GRAN COMISIÓN (MATEO 28:18-20)

Y JESÚS SE ACERCÓ Y LES HABLÓ DICIENDO: TODA POTESTAD ME ES DADA EN EL CIELO Y EN LA TIERRA. POR TANTO, ID, Y HACED DISCÍPULOS A TODAS LAS NACIONES, BAUTIZÁNDOLOS EN EL NOMBRE DEL PADRE, Y DEL HIJO, Y DEL ESPÍRITU SANTO; ENSEÑÁNDOLES QUE GUARDEN TODAS LAS COSAS QUE OS HE MANDADO; Y HE AQUÍ YO ESTOY CON VOSOTROS TODOS LOS DÍAS, HASTA EL FIN DEL MUNDO. AMÉN.

Nos será muy difícil llevar a cabo la gran comisión si no amamos a Dios de corazón. Llevar las

[4] Esta definición de preeminencia fue tomada de la página web: Definición.de https://definicion.de/preeminencia/

buenas nuevas del reino por el mundo, sin amor real en nuestros corazones, será una tarea desgastante que nos llenará de resentimiento y amargura. Tratar de dar algo que realmente no tenemos nos consumirá en frustración y angustia. Dios no nos ha llamado a compartir mero conocimiento, sino a compartir su amor con otros. Es por eso que toda la ley se resume en el primer gran mandamiento y en el segundo: "Amarás a tu prójimo como a ti mismo." (Mateo 22:39)

Los hijos con corazones sanos comprenden la Misión del Padre y se someten a ella con gozo.

Cuando me someto a la misión del Padre recibo vida en abundancia.

Por el contrario, los de corazones huérfanos no se someten a la misión del Padre. Ellos tienen su propia misión. Cuando me someto a mi propia misión, recibo muerte aún cuando respiro. Como hijo, Adán debía: HONRAR, OBEDECER, RECIBIR EL CONCEJO, y ALEGRAR a Dios su Padre.

Adán no cumplió con sus responsabilidades de Hijo y este hecho convirtió al hombre en huérfano espiritual. La humanidad quedó separada de Dios.

La conducta de Adán trajo sobre la humanidad un espíritu de huérfano que se manifiesta en nuestro deseo de independencia y auto suficiencia; queremos controlar nuestras propias vidas y vivirlas de la manera que nos plazca.

Queremos tener la autoridad de Dios, pero no su responsabilidad.

Este espíritu nos engaña motivándonos a vivir como huérfanos y aun cuando hemos recibido a Jesús y hemos sido reconciliados con el Padre, seguimos pensando y comportándonos como huérfanos. Este tipo de pensamiento nos impide ser hijos a nuestros padres, afecta nuestra relación con autoridades y con nuestro Padre Celestial.

Si no nos permitimos tener como padre a Dios, entonces nos volvemos blanco fácil de Satanás, el padre de la mentira y comandante en jefe de los huérfanos espirituales.

El Primer Huérfano[5]

¿Quién es este padre de mentira? ¿Cuál es su misión?

EZEQUIEL 28:14-19

TÚ, QUERUBÍN GRANDE, PROTECTOR, YO TE PUSE EN EL SANTO MONTE DE DIOS, ALLÍ ESTUVISTE; EN MEDIO DE LAS PIEDRAS DE FUEGO TE PASEABAS. PERFECTO ERAS EN TODOS TUS CAMINOS DESDE EL DÍA QUE FUISTE CREADO, HASTA QUE SE HALLÓ EN TI MALDAD. A CAUSA DE LA MULTITUD DE TUS CONTRATACIONES FUISTE LLENO DE INIQUIDAD, Y PECASTE; POR LO QUE YO TE ECHÉ DEL MONTE DE DIOS, Y TE ARROJÉ DE ENTRE LAS PIEDRAS DEL FUEGO, OH QUERUBÍN PROTECTOR.

SE ENALTECIÓ TU CORAZÓN A CAUSA DE TU HERMOSURA, CORROMPISTE TU SABIDURÍA A CAUSA DE TU ESPLENDOR; YO TE ARROJARÉ POR TIERRA; DELANTE DE LOS REYES TE PONDRÉ PARA QUE MIREN EN TI. CON LA MULTITUD DE TUS MALDADES Y CON LA INIQUIDAD DE TUS CONTRATACIONES PROFANASTE TU SANTUARIO; YO, PUES, SAQUÉ FUEGO DE EN MEDIO DE TI, EL CUAL TE CONSUMIÓ, Y TE PUSE EN CENIZA SOBRE LA TIERRA A LOS OJOS DE TODOS LOS QUE TE MIRAN.

TODOS LOS QUE TE CONOCIERON DE ENTRE LOS PUEBLOS SE MARAVILLARÁN SOBRE TI; ESPANTO SERÁS, Y PARA SIEMPRE DEJARÁS DE SER.

[5] Douglas Riggs – "The Orphan Heart"

ISAÍAS 14:6-15

EL QUE HERÍA A LOS PUEBLOS CON FUROR, CON LLAGA PERMANENTE, EL QUE SE ENSEÑOREABA DE LAS NACIONES CON IRA, Y LAS PERSEGUÍA CON CRUELDAD.

TODA LA TIERRA ESTÁ EN REPOSO Y EN PAZ; SE CANTARON ALABANZAS.

AÚN LOS CIPRESES SE REGOCIJARON A CAUSA DE TI, Y LOS CEDROS DEL LÍBANO, DICIENDO: DESDE QUE TÚ PERECISTE, NO HA SUBIDO CORTADOR CONTRA NOSOTROS.

EL SEOL ABAJO SE ESPANTÓ DE TI; DESPERTÓ MUERTOS QUE EN TU VENIDA SALIESEN A RECIBIRTE, HIZO LEVANTAR DE SUS SILLAS A TODOS LOS PRÍNCIPES DE LA TIERRA, A TODOS LOS REYES DE LAS NACIONES.

TODOS ELLOS DARÁN VOCES, Y TE DIRÁN: ¿TÚ TAMBIÉN TE DEBILITASTE COMO NOSOTROS, Y LLEGASTE A SER COMO NOSOTROS?

DESCENDIÓ AL SEOL TU SOBERBIA, Y EL SONIDO DE TUS ARPAS; GUSANOS SERÁN TU CAMA, Y GUSANOS TE CUBRIRÁN.

!¡CÓMO CAÍSTE DEL CIELO, OH LUCERO, HIJO DE LA MAÑANA! CORTADO FUISTE POR TIERRA, TÚ QUE DEBILITABAS A LAS NACIONES.

(MISIÓN DE SATANÁS)

TÚ QUE DECÍAS EN TU CORAZÓN: SUBIRÉ AL CIELO; EN LO ALTO, JUNTO A LAS ESTRELLAS DE DIOS, LEVANTARÉ MI TRONO, Y EN EL MONTE DEL TESTIMONIO ME SENTARÉ, A LOS LADOS DEL NORTE; SOBRE LAS ALTURAS DE LAS NUBES SUBIRÉ, Y SERÉ SEMEJANTE AL ALTÍSIMO. MAS TÚ DERRIBADO ERES HASTA EL SEOL, A LOS LADOS DEL ABISMO.

La Misión de Satanás es debilitar las naciones. Él es el primer huérfano. Fue expulsado de los cielos y perdió la relación privilegiada que tenía con Dios.

Los corazones de huérfano envidian a aquellos que tienen una verdadera relación con Dios.

Satanás sintió envidia del hombre y engañó a Eva, sembrando dudas sobre el amor del Padre en su corazón.

Como vimos en el pasaje de Génesis 3:1-5 que citamos en el Capítulo 3, la mujer cayó en la mentira de Satanás. Su propia prudencia la hizo pensar que el fruto era bueno y la recompensa de comerlo parecía aún mejor, sería como Dios. El hombre ignoro la instrucción de su Padre y se dejó llevar por aquella a quién él tenía la responsabilidad de guiar y proteger. Ambos pecaron.

GÉNESIS 3:7-13

ENTONCES FUERON ABIERTOS LOS OJOS DE AMBOS, Y CONOCIERON QUE ESTABAN DESNUDOS; ENTONCES COSIERON HOJAS DE HIGUERA, Y SE HICIERON DELANTALES.

Y OYERON LA VOZ DE JEHOVÁ DIOS QUE SE PASEABA EN EL HUERTO, AL AIRE DEL DÍA; Y EL HOMBRE Y SU MUJER SE ESCONDIERON DE LA PRESENCIA DE JEHOVÁ DIOS ENTRE LOS ÁRBOLES DEL HUERTO. MAS JEHOVÁ DIOS LLAMÓ AL HOMBRE, Y LE DIJO: ¿DÓNDE ESTÁS TÚ? Y ÉL RESPONDIÓ: OÍ TU VOZ EN EL HUERTO, Y TUVE MIEDO, PORQUE ESTABA DESNUDO; Y ME ESCONDÍ. Y DIOS LE DIJO: ¿QUIÉN TE ENSEÑÓ QUE ESTABAS DESNUDO? ¿HAS COMIDO DEL ÁRBOL DE QUE YO TE MANDÉ NO COMIESES?

Y EL HOMBRE RESPONDIÓ: LA MUJER QUE ME DISTE POR COMPAÑERA ME DIO DEL ÁRBOL, Y YO COMÍ. ENTONCES JEHOVÁ DIOS DIJO A LA MUJER: ¿QUÉ ES LO QUE

HAS HECHO? Y DIJO LA MUJER: LA SERPIENTE ME ENGAÑÓ, Y COMÍ.

Dios sabía que Adán y Eva habían pecado porque se escondieron de su presencia y no querían estar con Él. Como padres sabemos cuándo nuestros hijos nos están mintiendo, cuándo están en pecado. Lo sabemos porque se escoden de nosotros, cierran sus corazones al nuestro. No quieren tener intimidad relacional con nosotros. Rechazan nuestra presencia.

Cuando son sorprendidos en alguna falta, culpan a otros, se justifican...

Examen del Corazón

¿Has experimentado o experimentas dudas e inseguridades en tu caminar en Cristo? ¿Te escondes de Dios, o pasas tiempo con Él? ¿Te haces responsable por tus errores o los justificas y culpas a otros por ellos?

¿Cuáles de las responsabilidades de hijo has incumplido?

El hombre incumplió con sus responsabilidades de hijo, perdió su comunión con el Padre y su hogar. Creímos una mentira que nos convirtió en huérfanos espirituales. Nacemos con espíritu de huérfanos. Nunca hemos sido verdaderos hijos a nadie. Y por tanto hemos pensado como huérfanos.

Aún después de nuestro nuevo nacimiento en Cristo y de haber sido reconciliados con el Padre, seguimos sin poder recibir su amor porque seguimos pensando como huérfanos. Tristemente el cuerpo de Cristo está minado de cristianos que piensan y se comportan como huérfanos. Han recibido el regalo de la reconciliación, pero siguen viviendo como huérfanos. Sus mentes no han sido renovadas.

ROMANOS 12:2

NO OS CONFORMÉIS A ESTE SIGLO, SINO TRANSFORMAOS POR MEDIO DE LA RENOVACIÓN DE VUESTRO ENTENDIMIENTO, PARA QUE COMPROBÉIS CUÁL SEA LA BUENA VOLUNTAD DE DIOS, AGRADABLE Y PERFECTA.

Nos sentimos como huérfanos y nos comportamos como tal, aunque no lo somos. Nos convertimos en hijos que viven como si no tuvieran hogar, como si no tuvieran un lugar seguro en donde recibir afirmación, protección, y amor. **Hijos que no pueden definir su identidad porque nunca han estado en los brazos del Padre.**

Tener un hogar es una necesidad para el buen desarrollo de todo hijo. El hogar debe ser ese lugar cálido, seguro, donde recibimos protección, aceptación, amor, ternura, afirmación, instrucción, valores, y disciplina.

En base a esto los hijos de Dios pueden ser categorizados de dos formas:

- Aquellos que viven sus vidas seguros de tener un hogar.
- Aquellos que viven sus vidas como si no tuvieran hogar - hijos con corazón de huérfanos.

Jesús pago el precio por el pecado de la humanidad, pagó el precio por tu pecado y mi pecado. Nos devolvió a la vida y es el camino de regreso a nuestro hogar. Dios Padre anhela relacionarse con sus hijos y nosotros como hijos necesitamos el amor del Padre.

JUAN 14:18-21 - NO OS DEJARÉ HUÉRFANOS; VENDRÉ A VOSOTROS.

TODAVÍA UN POCO, Y EL MUNDO NO ME VERÁ MÁS; PERO VOSOTROS ME VERÉIS; PORQUE YO VIVO, VOSOTROS TAMBIÉN VIVIRÉIS. EN AQUEL DÍA VOSOTROS CONOCERÉIS QUE YO ESTOY EN MI PADRE, Y VOSOTROS EN MÍ, Y YO EN VOSOTROS. EL QUE TIENE MIS MANDAMIENTOS, Y LOS GUARDA, ÉSE ES EL QUE ME AMA; Y EL QUE ME AMA, SERÁ AMADO POR MI PADRE, Y YO LE AMARÉ, Y ME MANIFESTARÉ A ÉL. LE DIJO JUDAS (NO EL ISCARIOTE): SEÑOR, ¿CÓMO ES QUE TE MANIFESTARÁS A NOSOTROS, Y NO AL MUNDO? RESPONDIÓ JESÚS Y LE DIJO: EL QUE ME AMA, MI PALABRA GUARDARÁ; Y MI PADRE LE AMARÁ, Y VENDREMOS A ÉL, Y HAREMOS MORADA (HOGAR) CON ÉL.

Dios tiene un hogar perfecto para ti. Si nunca tuviste un hogar seguro en donde sentirte amado o si has creído que nunca lo tendrás, queremos que sepas que ese hogar existe, es real y está disponible para ti; sólo cree y recibe lo que Dios te está entregando.

Corazón de Hijo vs Corazón de Huérfano[6]

JUAN 5:19

RESPONDIÓ ENTONCES JESÚS, Y LES DIJO: DE CIERTO, DE CIERTO OS DIGO: NO PUEDE EL HIJO HACER NADA POR SÍ MISMO, SINO LO QUE VE HACER AL PADRE; PORQUE TODO LO QUE EL PADRE HACE, TAMBIÉN LO HACE EL HIJO IGUALMENTE. PORQUE EL PADRE AMA AL HIJO, Y LE MUESTRA TODAS LAS COSAS QUE ÉL HACE; Y MAYORES OBRAS QUE ESTAS LE MOSTRARÁ, DE MODO QUE VOSOTROS OS MARAVILLÉIS.

Si nuestro modelo de hijo es Cristo, ¿cómo seremos como Él, si no actuamos como hijos?; ¿Cómo seremos como Él sin relacionarnos con el Padre?

JUAN 3:3-6

RESPONDIÓ JESÚS Y LE DIJO: DE CIERTO, DE CIERTO TE DIGO, QUE EL QUE NO NACIERE DE NUEVO, NO PUEDE VER EL REINO DE DIOS. NICODEMO LE DIJO: ¿CÓMO PUEDE UN HOMBRE NACER SIENDO VIEJO? ¿PUEDE ACASO ENTRAR POR SEGUNDA VEZ EN EL VIENTRE DE SU MADRE, Y NACER?

RESPONDIÓ JESÚS: DE CIERTO, DE CIERTO TE DIGO, QUE EL QUE NO NACIERE DE AGUA Y DEL ESPÍRITU, NO PUEDE ENTRAR EN EL REINO DE DIOS. LO QUE ES NACIDO DE LA CARNE, CARNE ES; Y LO QUE ES NACIDO DEL ESPÍRITU, ESPÍRITU ES.

Nuestro caminar en Cristo comienza cuando nos hacemos hijos a nuestro Padre Celestial. La salvación nos da una nueva vida, un nuevo nacimiento y por ende una nueva oportunidad de ser "hijos" ahora a un Padre que es amor y que suplirá todas nuestras necesidades de amor para que crezcamos y podamos dar de ese amor que recibimos a otros. Un Padre que nos instruye, nos trata con justicia, nos disciplina, y nos bendice entregándonos una gran herencia y una gran misión.

¿Cómo sabemos que pensamos/actuamos como hijos y no como huérfanos?

¿Cómo saber si tenemos corazón de hijo o de huérfano?

HEBREOS 12:6-9

PORQUE EL SEÑOR AL QUE AMA, DISCIPLINA, Y AZOTA A TODO EL QUE RECIBE POR HIJO.

[6] Douglas Riggs – "The Orphan Heart"

SI SOPORTÁIS LA DISCIPLINA, DIOS OS TRATA COMO A HIJOS; PORQUE ¿QUÉ HIJO ES AQUEL A QUIEN EL PADRE NO DISCIPLINA? PERO SI SE OS DEJA SIN DISCIPLINA, DE LA CUAL TODOS HAN SIDO PARTICIPANTES, ENTONCES SOIS BASTARDOS, Y NO HIJOS.

Examen del Corazón

¿Recibes la disciplina del Padre como una muestra de su amor por ti?

¿Recibes la disciplina de las personas en autoridad sobre tu vida como si viniera del Padre?

Los hijos de corazones huérfanos ignoran al Padre y por tanto ignoran su misión creyendo que pueden ser cristianos sin caminar hacia el Padre.

Si en tu corazón sientes que hay algo en contra de tu Padre Celestial es porque en algún momento en tu niñez "dejaste de ser hijo o hija" a tu padre y/o a tu madre terrenal.

El día que rechazaste a tu padre o a tu madre porque te hirieron profundamente ese día dejaste de confiar en ellos y en Dios.

Rechazar a nuestros Padres nos hace cuestionar el amor de Dios para con nosotros. Dios nos puso en esa familia, por tanto consciente o inconscientemente, lo culpamos a Él por el dolor que nos hacen sentir las malas conductas y actitudes de nuestros padres ignorando que Dios entrega a cada ser humano libre albedrío y que la conducta hiriente de nuestros padres no es más que su ignorancia de Dios y la falta de Él en sus corazones.

No podemos cambiar en nuestra propia fuerza el corazón de huérfano; solamente podemos exponerlo al amor de Dios y Él es quién nos da un nuevo corazón.

EZEQUIEL 11:19

Y LES DARÉ UN CORAZÓN, Y UN ESPÍRITU NUEVO PONDRÉ DENTRO DE ELLOS; Y QUITARÉ EL CORAZÓN DE PIEDRA DE EN MEDIO DE SU CARNE, Y LES DARÉ UN CORAZÓN DE CARNE.

¿Cómo desarrollamos pensamiento de huérfano?[7]

1 - Cuando éramos pequeños nos enfocamos en las faltas de nuestros padres o autoridades. (Las personas que están heridas hieren a otros. Los padres que tienen heridas hieren a sus hijos)

2 - Recibimos sus faltas como desaprobación, desinterés, rechazo, heridas. (¿Cómo podemos ser padres si nunca fuimos hijos, sino esclavos en nuestras casas? Ahora trato a mis hijos como esclavos también)

3 - Perdimos la confianza básica. (Confianza Básica es la capacidad de entregar mi corazón a otra persona.)

- La confianza básica no es un problema entre tú y las otras personas, sino ENTRE TÚ y DIOS.

  La confianza básica se pierde antes de los 5 años de edad. Comenzamos a escuchar el espíritu de huérfano en nosotros que nos dice:

[7] Douglas Riggs – "The Orphan Heart"

No confíes.

No hables.

No sientas.

4 - Temor a someterme (creo que someterme a alguien, en autoridad sobre mí, es debilidad).

- Temor a recibir amor
- Temor a recibir consuelo
- Temor a recibir corrección

5 - Cierras tu espíritu

- Cierras tu corazón a otros incluyendo a Dios

6 - Tomas actitud de independencia (sólo confío en mí mismo)

- Yo lo hago solo o sola.
- Nadie lo va a hacer si yo no lo hago.
- Te ocupas de todo y de todos incluyéndote a ti mismo (No puedes entregar tus cargas a Jesús) No esperas nada de Dios.

7 - Comienzas a controlar tus relaciones.

- Manipulación
- Temor a ser herido
- Temor a que me conozcan

8 - Relaciones Superficiales

- Mantenemos a las personas a distancia.
- Nadie conoce mi verdadero yo.
- No confiamos en la estructura familiar, en las relaciones con otras personas, en la iglesia... no confiamos en Dios.

9 - Levanto Fortalezas

Las fortalezas son estructuras de pensamiento que ignoran a Dios y al resto de las personas a mi alrededor. Son argumentos, razonamientos, teorías que nos decimos a nosotros mismos para continuar haciendo lo que siempre hemos hecho. Las fortalezas en mi corazón me impiden conocer a Dios.

FORTALEZAS = MENTIRAS

Con ellas creo protegerme y evitar el dolor.

Ejemplos:

Orgullo: Es más importante lo que piensan otras personas, o yo mismo; que lo que piensa Dios.

- Pensamiento de Huérfano: "No honro a mis padres porque ellos no se lo merecen."

Dios dice:

Honra a tu padre y a tu madre, como Jehová tu Dios te ha mandado, para que sean prolongados tus días, y para que te vaya bien sobre la tierra que Jehová tu Dios te da. (Deuteronomio 5:16)

Arrogancia: No agradezco a Dios, ni a otros porque lo que he recibido y recibo creo que me lo merezco.

- Pensamiento de Huérfano: "Yo no pedí que me trajeran al mundo así que me tienes que dar lo que yo quiera o necesito."

Dios dice:

El temor de Jehová es aborrecer el mal; la soberbia y la arrogancia, el mal camino, y la boca perversa, aborrezco. (Proverbios 8:13)

Autosuficiencia: Yo no necesito a nadie; yo puedo solo/a. Ignorancia a mi necesidad de Dios y de otros.

- Pensamiento de Huérfano: "No me importa que mis padres me rechacen o no me quieran; yo no necesito ayuda de nadie, puedo arreglármelas solo/sola...."

Dios dice:

Yo soy la vid, vosotros los pámpanos; el que permanece en mí, y yo en él, éste lleva mucho fruto; porque separados de mí nada podéis hacer. (Juan 15:5)

Actitud de victima: Todos son responsables por mis problemas menos yo.

- Pensamiento de Huérfano: Es que yo soy así porque así me criaron mis padres, porque así me enseñaron, por todo lo que me han hecho...

Dios dice:

Si yo no hubiera venido, ni les hubiera hablado, no tendrían pecado; pero ahora no tienen excusa por su pecado. (Juan 15:22)

Falta de Identidad: Yo soy un accidente. A nadie le importo. (Baja autoestima)

- Pensamiento de Huérfano: Si creo que a nadie le importo, no sufro cuando me veo solo, no espero que alguien me ayude, no me molesto en pedir ayuda...

Dios dice: ¿Se olvidará la mujer de lo que dio a luz, para dejar de compadecerse del hijo de su vientre? Aunque olvide ella, yo nunca me olvidaré de ti. (Isaías 49:15)

Las fortalezas fomentan la rebeldía en mí. Me llevan a desarrollar malas actitudes e ingratitud y a emitir juicios y votos que como semillas de maldición se sembrarán en mi corazón y traerán malos frutos a mi vida y a mis generaciones.

Los Juicios

ROMANOS 2:1

POR LO CUAL ERES INEXCUSABLE, OH HOMBRE, QUIEN QUIERA QUE SEAS TÚ QUE JUZGAS; PUES EN LO QUE JUZGAS A OTRO, TE CONDENAS A TI MISMO; PORQUE TÚ

QUE JUZGAS HACES LO MISMO

Los juicios son sentencias, condenas que salen de mi corazón hacia otras personas, por lo general hacia personas que me han herido. Como nos dice Romanos 2:1, cuando yo juzgo a alguien, me condeno a mí mismo a cometer el mismo pecado que la persona a la que enjuicié. Cuando emitimos juicios nos atribuimos un derecho que sólo tiene Dios.

Los Votos

Normalmente, al momento de emitir un juicio, este viene acompañado de un voto. Un voto es una declaración trascendental para nuestra vida que no incluye la opinión de Dios.

PROVERBIOS 3:5-6

FÍATE DE JEHOVÁ DE TODO TU CORAZÓN, Y NO TE APOYES EN TU PROPIA PRUDENCIA. RECONÓCELO EN TODOS TUS CAMINOS, Y ÉL ENDEREZARÁ TUS VEREDAS.

Desafortunadamente si no me arrepiento y pido perdón a Dios, terminaré haciendo lo mismo o peor. Alguno de nosotros quizás ya esté viviendo consecuencias de sus juicios y votos.

Abriendo mi Corazón (Andrés)

A mis dieciocho años, llegó a mi casa una joven hermosa con alrededor de dieciséis años. Corrí a mi abuela y le pregunté quién era esa muchacha tan linda que había llegado a visitarnos. Mi abuela pudo ver mi interés y me dijo: "Ni se te ocurra, Andresito, esa es tu hermana." No me cabía en la cabeza pensar que mi papá había tenido una hija fuera del matrimonio. Me molesté mucho con mi padre, lo juzgué de irresponsable y emití el siguiente voto: "Yo nunca voy a tener hijos fuera del matrimonio."

Las semillas que sembré con mis juicios dieron frutos. Terminé haciendo lo mismo o peor. Mi papá por años nunca supo que mi hermana existía. Sin embargo, yo supe de la existencia de mi hija desde que estaba en el vientre de su madre y como ya les conté nunca me casé con ella, ni le di a mi hija un hogar estable. Para mí el matrimonio no tenía ningún valor hasta que conocí a Dios y pude ver la mentira que había creído.

Pero no decaiga tu fe, como has podido ver, con cada ejemplo de fortaleza presentado te hemos compartido la verdad, la palabra de Dios. En Cristo tienes TODO lo que necesitas para pelear y apoderarte de la victoria que Él ya ha ganado por ti. Él enderezará todo lo que esté torcido mientras caminas a los brazos del Padre. Él ha tenido y tendrá de ti misericordia como la ha tenido y tiene de nosotros.

2 CORINTIOS 10:4-6

PORQUE LAS ARMAS DE NUESTRA CONTIENDA NO SON CARNALES, SINO PODEROSAS EN DIOS PARA LA DESTRUCCIÓN DE FORTALEZAS; DESTRUYENDO ESPECULACIONES Y TODO RAZONAMIENTO ALTIVO QUE SE LEVANTA CONTRA EL CONOCIMIENTO DE DIOS, Y PONIENDO TODO PENSAMIENTO EN CAUTIVERIO A LA OBEDIENCIA DE CRISTO.

10 - Vivo mi vida como huérfano espiritual.

- Creo que no tengo hogar y que necesito pelear por todo lo que quiero.

- Vivo mi vida en discusiones, en peleas, en guerras, ira... en DOLOR.

11-Comienzo a buscar relaciones y deleites que llenen el vacío de amor en mi corazón.

- Pasiones de la carne - Adicciones (alcohol, drogas, pornografía, sexo, comida, aprobación, ira, compras, juego, trabajo...)
- Posesiones Materiales - Propiedades, carros, casas, tecnología...
- Posiciones - Títulos, alabanza de los hombres, quiero sobre salir por mis méritos y no por mi carácter, busco agradar al hombre antes que a Dios.
- Poder y Control de mi propia vida y mi destino (Ignoro el CAMINO que Dios tiene para mí porque yo tengo uno "mejor")

12-Vida de Opresión y Oscuridad

- No puedo recibir el amor de Dios, no puedo recibir el amor de otros, no tengo amor para dar, no recibo la disciplina, ni la corrección de Dios, ni de otros en autoridad sobre mi vida.
- ¡Valoro lo efímero y desprecio lo eterno! Escucho la voz de Satanás, creo sus mentiras y me alejo del Padre cada día más ignorando Su voz y Sus enseñanzas.
- Vivo en oscuridad, alimentando la carne y no el espíritu.

Si hiciste la oración de fe tiempo atrás, pero puedes ver que las actitudes anteriores han persistido en ti por todos estos años, arrepiéntete de corazón. Puede ser que hayas confesado con tu boca que Jesús es tu Señor, pero no has permitido que limpie tu corazón. Los hijos buscan ser guiados por el Espíritu de Dios. Los huérfanos de corazón se dejan guiar por el espíritu del comandante en jefe de los huérfanos espirituales.

Al cortar la relación con Dios, el amor se va apagando en el corazón del hombre porque Dios es la fuente del amor y necesitamos estar conectados a Él para llenar nuestro vacío de amor y para tener amor para dar a otros. Cuando esto sucede, todas nuestras relaciones se convierten en condicionales. Me relaciono contigo por lo que me puedes dar o por lo que voy a sacar de ti. Sólo aquellos que actúan, piensan, y se comportan de acuerdo a mi estándar son aceptados. A los que no están de acuerdo conmigo, los mantengo lejos de mí.

Podemos haber "aceptado a Cristo", vuelto a nacer, pero si no somos guiados por el Espíritu del Padre, actuaremos como huérfanos. Cuando el Espíritu Santo se empieza a mover en nuestras vidas, todo lo que queremos de Él es el PODER y el FUEGO, pero no recibimos la disciplina.

Nos gusta ser tocados por el amor de Dios y es eso lo que nos lleva a aceptar a Jesús como nuestro salvador, pero cuando se trata de la disciplina no todos estamos dispuestos a recibirla.

PROVERBIOS 15:32

EL QUE TIENE EN POCO LA DISCIPLINA MENOSPRECIA SU ALMA; MAS EL QUE ESCUCHA LA CORRECCIÓN TIENE ENTENDIMIENTO.

Si no aceptamos la disciplina de Dios somos rebeldes e incumplimos con nuestra responsabilidad de hijos. Un hijo que no obedece a su Padre no podrá llevar a cabo la misión que le ha sido encomendada.

Como cristianos la mayoría de nosotros enfoca su atención en Jesús, anhelando ser más como

Él, pero para ser más como Jesús tenemos que enfocarnos en quién Él se enfocaba. Jesús era y es quién es por su Padre Celestial.

JUAN 5:19

RESPONDIÓ ENTONCES JESÚS, Y LES DIJO: DE CIERTO, DE CIERTO OS DIGO: NO PUEDE EL HIJO HACER NADA POR SÍ MISMO, SINO LO QUE VE HACER AL PADRE; PORQUE TODO LO QUE EL PADRE HACE, TAMBIÉN LO HACE EL HIJO IGUALMENTE.

Dependiendo de en quien te enfocas actuarás como hijo o como huérfano. Jesús obedecía la voz de su Padre. Debes discernir que voz es la que estas escuchando tú. El padre de la mentira trata de confundirnos y nos habla la verdad de Dios contaminada con sus mentiras, así como lo hizo con Jesús en el desierto. Es nuestra responsabilidad conocer la verdad para no caer presa de sus engaños. Cada vez que el Padre nos habla, aun cuando nos corrige, sentimos su amor porque Dios es amor.

Por el contrario, cuando nos habla el enemigo su voz nos invita al pecado, a la desobediencia y a la rebeldía y si se trata de "corrección" su tono es cuestionador, legalista, y acusador porque él es el acusador quien acusa a los hijos delante del Padre de día y de noche. (Apocalipsis 12:10). Recuerda, él no quiere que te arrepientas y recibas el perdón de Dios y de otros, él no quiere que perdones y seas limpio del resentimiento, él quiere destruirte y si no lo logra motivándote directamente a pecar tratará de hacerlo a través de la culpa, la condenación y el rechazo. Eventualmente si cedes a estos, terminarás en pecados más evidentes a los que quizás nunca pensaste que llegarías.

Es de vital importancia para nosotros escuchar la voz de Dios. Ella nos consuela, nos instruye, nos alimenta espiritualmente. Jesús le respondió a Satanás cuando este trató de tentarlo:

MATEO 4:4

ESCRITO ESTÁ: NO SÓLO DE PAN VIVIRÁ EL HOMBRE, SINO DE TODA PALABRA QUE SALE DE LA BOCA DE DIOS.

Si no has estado escuchando la voz de Dios entonces no has estado viviendo; has estado sobreviviendo.

Examen del Corazón

¿A quién estas escuchando? ¿A quién te estás sometiendo? ¿De quién estás cerca?

Si no te sometes al Padre (recibes su disciplina y dirección) no podrás cumplir con tu misión de hijo. Vivirás continuamente asechado por el enemigo, quien se encargará de destruir tu vida, tu paz, y tu gozo.

SANTIAGO 4:5-8

SOMETEOS, PUES, A DIOS; RESISTID AL DIABLO, Y HUIRÁ DE VOSOTROS. ACERCAOS A DIOS, Y ÉL SE ACERCARÁ A VOSOTROS. PECADORES, LIMPIAD LAS MANOS; Y VOSOTROS LOS DE DOBLE ÁNIMO, PURIFICAD VUESTROS CORAZONES.

HEBREOS 5:8-9

Y AUNQUE ERA HIJO, POR LO QUE PADECIÓ APRENDIÓ LA OBEDIENCIA Y HABIENDO SIDO PERFECCIONADO, VINO A SER AUTOR DE ETERNA SALVACIÓN PARA TODOS LOS QUE LE OBEDECEN.

Antes de heredar vamos a sufrir. La herencia no es para los huérfanos, es para los hijos.

Cuando tenemos conflicto en nuestras relaciones es cuando mostramos que hay en nosotros, y a quién nos estamos sometiendo. Los conflictos muestran las áreas débiles en nuestra vida. Áreas en donde no está Dios porque donde está Dios no hay debilidad.

Corazón de Hijo	Corazón de Huérfano
Consolador	Acusador
Servidor (busca dar amor)	Demandador (busca posición)
Exalta a Dios y a otros (no necesita reconocimiento, da la gloria a Dios)	Busca su propia exaltación (quiere que la gente le vea, para que le admiren y reconozcan)
Obediente, se somete al Padre	Desobediente, no se somete a nadie
Transparencia, abre su corazón a otros y recibe consejo sanamente	Oscuridad, encerrado en sí mismo; lo toma todo de manera personal. Recibe el consejo como critica o rechazo.
Humilde (bendice, aprecia)	Arrogante (critica, enjuicia)
Vive en Libertad (perdona y olvida las ofensas)	Vive encadenado (no olvida las ofensas)
Vive en reposo y paz. Es consciente de su realidad y de quien es.	Vive en ansiedad, en negación, tratando de escapar de la realidad que no quiere enfrentar, ni aceptar.
Identidad sana	Sin identidad.
Salud física, mental, y espiritual	Afanado por todo
Integridad	Manipulación, Control
Perdón	Desmoralización
Cubro las faltas de otros. Agradecido	Expone las faltas de otros para lucir mejor él mismo. Nunca está satisfecho, siempre quiere más. Desagradecido

Características y Actitudes de los Corazones Huérfanos[8]

Los huérfanos siempre buscan lugares altos en donde puedan recibir reconocimiento y alabanza. Esto ocurre en la iglesia, la escuela, en los trabajos, en los hogares... Ellos se alimentan de las alabanzas y el reconocimiento de las personas a su alrededor. Especialmente buscan la aprobación de aquellos en autoridad. Necesitan ser reconocidos, apreciados, exaltados, necesitan ser el centro de atención para sentir que tienen VALOR.

[8] Douglas Riggs – "The Orphan Heart"

EFESIOS 6:6

NO SIRVIENDO AL OJO, COMO LOS QUE QUIEREN AGRADAR A LOS HOMBRES, SINO COMO SIERVOS DE CRISTO, DE CORAZÓN HACIENDO LA VOLUNTAD DE DIOS.

Los huérfanos ignoran la voz de Dios es por eso que tratan de alimentarse de cualquier otra voz para sobrevivir. No se puede vivir sólo de pan, Dios creó al hombre con la necesitad de escuchar su voz, pero como ellos no quieren someterse a su Padre, entonces, mendigan atención, aceptación y amor. "Viven" por lo que extraños puedan decir a sus oídos.

Cuando nuestro Padre nos dice que nos ama, nos valora, y que Él proveerá en nuestras vidas, todas nuestras necesidades son satisfechas y no necesitaremos la aprobación de otras personas. ¡Soy amado por quién soy y no por quien debiera ser! Soy amado a pesar de lo malo que he hecho y que me han hecho. Mi Padre Celestial quiere limpiarme y ayudarme a llegar a ser todo lo que me creó para ser porque me ama y solo así encontraré verdadero sentido a mi vida. Dios no quiere transformarme por capricho sino por amor. Fui creado a su imagen y semejanza. El regresar a mi diseño original es parecerme más a Él todos los días y en esa transformación (santificación) está mi realización como ser humano y mi felicidad.

Examen del Corazón

El Hijo sólo hace lo que ve hacer a su Padre.

¿Qué haces tú? ¿A quién miras tú?

Los huérfanos se relacionan con otros por lo que puedan recibir de esa relación. No comprenden lo que es ser hijos, no tienen fe en nadie, no son leales a otros ni a sí mismos. Es por esto que los corazones huérfanos no se someten a la misión del Padre porque en vez de recibirla como una manifestación del amor de Dios, la reciben como una carga, se sienten usados. No ven el regalo de la vida como una oportunidad de bendecir, de dar a otros de lo mucho que han recibido; sino como la oportunidad de alcanzar metas egoístas, caprichos, independencia, vanidad.

Cuando el Padre les dice que no a algo que quieren, su corazón se ofende y lo toman como una ofensa personal en vez de tomarlo como cuidado, como protección. Los corazones huérfanos no miran el futuro con esperanza, no saben soportar un dolor temporal para recibir una gratificación eterna. ¡Quiere aliviar su dolor AHORA!!! Aunque esto signifique pasar por encima de los sentimientos y necesidades de otros.

Sienten que tienen la razón y esto "justifica" su mala actitud: "Yo estoy bien, lo que yo digo es la "verdad" y no me importa si te duele, o si te molesta."

PROVERBIOS 16:6

CON MISERICORDIA Y VERDAD SE CORRIGE EL PECADO, Y CON EL TEMOR DE JEHOVÁ LOS HOMBRES SE APARTAN DEL MAL.

Los corazones huérfanos no sienten compasión. No sienten el dolor de otros. Si alguien está herido ese es su problema. Cada persona a su alrededor debe satisfacer sus necesidades. Ellos justifican las heridas que le causan a otros con el simple hecho de que ellos tienen la razón. Critican y desmoralizan a los demás. Ellos siempre están bien. Minimizan el valor de otros y exaltan el propio.

Sus padres deben ser perfectos, sus conjugues deben suplir sus necesidades, sus hijos deben llenar sus expectativas...

Los corazones huérfanos evalúan a sus maestros, a sus pastores, a sus líderes... no vienen a ellos para aprender de lo que Dios les ha enseñado. "Ellos no necesitan aprender porque ya lo saben todo o casi todo". "Su rol en una congregación es el de justipreciar y juzgar a las personas a su alrededor."

PROVERBIOS 23:9

NO HABLES A OÍDOS DEL NECIO, PORQUE MENOSPRECIARÁ LA PRUDENCIA DE TUS RAZONES.

PROVERBIOS 17:16

¿DE QUÉ SIRVE EL PRECIO EN LA MANO DEL NECIO PARA COMPRAR SABIDURÍA, NO TENIENDO ENTENDIMIENTO?

El corazón huérfano valora a Dios por lo que este puede hacer por él y no por AMOR. Los huérfanos no saben recibir amor, en su mente, todo el que les da algo quiere algo a cambio. Esa es la actitud real de sus corazones: si te doy algo, o te ayudo con algo; espero lo mismo de ti. ¡Los intereses personales dictan la conducta y no el AMOR!!!

Como no está conectado a la fuente del amor, si de él sale algo que se parece al amor, necesita que alguien lo reemplace sino se queda "vacío". Por lo tanto, si esperas que te de algo, tienes que darle algo tú a él también.

¿Recuerdas al hermano mayor y al menor de la Parábola del Hijo Prodigo (Lucas 15:11-32) que analizamos en el capítulo 3?

Ambos hermanos pensaban como huérfanos. El hermano menor busca llenar el vacío en su corazón con las pasiones de la carne y las cosas que el mundo le ofrece. Quería del padre su herencia no su amor.

El hermano mayor permanece cerca del Padre, pero su corazón estaba lejos de conocerlo. Vivía como esclavo, aunque era hijo. Servía por la necesidad de ser reconocido, no por amor, no por gratitud. AMBOS HERMANOS TIENEN SU PROPIA MISIÓN EGOÍSTA

Someterse significa subordinarse al juicio de otro, aceptar la autoridad de otro. Significa ponerse de rodillas y entregarte para que fluya vida a través de ti.

MARCOS 14:35-36

EN SEGUIDA JESÚS SE FUE UN POCO MÁS ADELANTE, SE INCLINÓ HASTA TOCAR EL SUELO CON LA FRENTE, Y PIDIÓ A DIOS QUE, DE SER POSIBLE, NO LE LLEGARA ESE MOMENTO. EN SU ORACIÓN DECÍA: 'ABBÁ, PADRE, PARA TI TODO ES POSIBLE: LÍBRAME DE ESTE TRAGO AMARGO; PERO QUE NO SE HAGA LO QUE YO QUIERO, SINO LO QUE QUIERES TÚ.

Cuando dejamos de someternos a la misión del Padre, la muerte comienza a ser parte de nuestra vida. Respiramos, pero nuestro corazón, nuestra mente, y nuestro espíritu mueren cada día.

ROMANOS 8:16-17

EL ESPÍRITU MISMO DA TESTIMONIO A NUESTRO ESPÍRITU, DE QUE SOMOS HIJOS DE DIOS. Y SI HIJOS, TAMBIÉN HEREDEROS; HEREDEROS DE DIOS Y COHEREDEROS

CON CRISTO, SI ES QUE PADECEMOS JUNTAMENTE CON ÉL, PARA QUE JUNTAMENTE CON ÉL SEAMOS GLORIFICADOS.

En este contexto, someterme significa cumplir con mis responsabilidades de hijo hacia mis padres (biológicos, de crianza, espirituales) y también hacia Dios. Sólo después de esto estaré listo para el ministerio que Dios tiene para mi vida.

Si no puedo cumplir con las responsabilidades naturales, ¿cómo podré cumplir con las espirituales?

1 JUAN 4:20

SI ALGUNO DICE: YO AMO A DIOS, Y ABORRECE A SU HERMANO, ES MENTIROSO. PUES EL QUE NO AMA A SU HERMANO A QUIEN HA VISTO, ¿CÓMO PUEDE AMAR A DIOS A QUIEN NO HA VISTO?

Examen del Corazón

¿Estás consciente de que necesitas tener corazón de Hijo y no de Huérfano?

¿Estás dispuesto a caminar el CAMINO?

¿Dejarás que el Espíritu Santo te guíe, como guió a Jesús?

¿Te dejarás perfeccionar para ser como Él, y comportarte como hijo?

ROMANOS 8:14

PORQUE TODOS LOS QUE SON GUIADOS POR EL ESPÍRITU DE DIOS, ÉSTOS SON HIJOS DE DIOS.

Pasos para cambiar el corazón de huérfano a corazón de hijo:

1- **PIDE PERDÓN** a Dios por haber incumplido con tus responsabilidades de hijo, por los juicios que emitiste contra tus padres o personas en autoridad sobre tu vida y por los votos que hiciste a raíz de estas heridas. Si es posible, pide perdón a tus padres o autoridades paternas por el dolor que tus acciones les causaron a ellos.

2 - **PERDONA** a tus padres o autoridades paternas por haber mal representado el amor de Dios. (Si quieres vivir en abundancia, esto no es negociable).

3-**RECONOCE** la necesidad que tienes de ser hijo o hija a alguien. Reconoce tu necesidad de someterte a un padre/madre espiritual (pastores, mentores) antes de que puedas tener un espíritu que se somete a Dios.

Abriendo Nuestros Corazones

Dios nos llamó al pastorado en el año 2005. Pero mucho pasó antes de que llegara a ser ordenado en el 2013. En el 2010, en medio de mi deseo de prepararme para la obra y buscando recursos que nos ayudaran a mí y a mi esposa a seguir sanando, madurando, y creciendo en Cristo, decidimos pasar un curso para matrimonios que ofrecían en un ministerio cristiano fuera de nuestra iglesia local. La noticia de que iríamos a esas clases llegó a nuestro pastor rápidamente y aunque conocía que la doctrina de esos hermanos era sana porque uno de los pastores asociados había pasado un curso con ellos, se nos pidió que no fuéramos a las clases y se nos dieron razones que realmente no tenían peso bíblico. Sin embargo, en medio de la desagradable experiencia, en ayuno y oración pidiendo a Dios hacer su voluntad y únicamente su voluntad, aunque no nos gustara, Él nos habló a nuestros corazones y nos mostró la prueba espiritual a la que estábamos siendo expuestos. Dios estaba permitiendo que nuestra obediencia a la autoridad fuera probada, porque nunca podría usarnos como quería si primero no aprendíamos a someternos a las personas en autoridad sobre nosotros. El siguiente pasaje nos habló:

LUCAS 2:41-52 - EL NIÑO JESÚS EN EL TEMPLO

IBAN SUS PADRES TODOS LOS AÑOS A JERUSALÉN EN LA FIESTA DE LA PASCUA; Y CUANDO TUVO DOCE AÑOS, SUBIERON A JERUSALÉN CONFORME A LA COSTUMBRE DE LA FIESTA. AL REGRESAR ELLOS, ACABADA LA FIESTA, SE QUEDÓ EL NIÑO JESÚS EN JERUSALÉN, SIN QUE LO SUPIESEN JOSÉ Y SU MADRE. Y PENSANDO QUE ESTABA ENTRE LA COMPAÑÍA, ANDUVIERON CAMINO DE UN DÍA; Y LE BUSCABAN ENTRE LOS PARIENTES Y LOS CONOCIDOS; PERO COMO NO LE HALLARON, VOLVIERON A JERUSALÉN BUSCÁNDOLE. Y ACONTECIÓ QUE TRES DÍAS DESPUÉS LE HALLARON EN EL TEMPLO, SENTADO EN MEDIO DE LOS DOCTORES DE LA LEY, OYÉNDOLE Y PREGUNTÁNDOLES. Y TODOS LOS QUE LE OÍAN, SE MARAVILLABAN DE SU INTELIGENCIA Y DE SUS RESPUESTAS. CUANDO LE VIERON, SE SORPRENDIERON; Y LE DIJO SU MADRE: HIJO, ¿POR QUÉ NOS HAS HECHO ASÍ? HE AQUÍ, TU PADRE Y YO TE HEMOS BUSCADO CON ANGUSTIA. ENTONCES ÉL LES DIJO: ¿POR QUÉ ME BUSCABAIS? ¿NO SABÍAIS QUE EN LOS NEGOCIOS DE MI PADRE ME ES NECESARIO ESTAR? MAS ELLOS NO ENTENDIERON LAS PALABRAS QUE LES HABLÓ. Y DESCENDIÓ CON ELLOS, Y VOLVIÓ A NAZARET, Y ESTABA SUJETO A ELLOS. Y SU MADRE GUARDABA TODAS ESTAS COSAS EN SU CORAZÓN. Y JESÚS CRECÍA EN SABIDURÍA Y EN ESTATURA, Y EN GRACIA PARA CON DIOS Y LOS HOMBRES.

Al leerlo sentimos que Dios nos afirmó y nos dijo: “Hijos, sé que están en mis negocios, pero necesitan someterse a su pastor terrenal ahora, porque aún no es tiempo de comenzar su ministerio.” Obedecimos y durante el año que siguió a esta experiencia, oramos pidiendo tener una actitud humilde ante nuestros líderes, oramos por gratitud para con ellos por lo mucho que nos habían modelado y enseñado, entregamos a Dios las heridas que se habían abierto en nuestros corazones y perdonamos. Clamamos al Padre por más amor para dar y para poder servir con verdadera entrega a su obra y a la comunidad en donde Él nos había puesto.

Un año más tarde, cuando Dios nos mandó a salir (dejar padre y madre espiritualmente hablando) para comenzar nuestro llamado, sentimos mucho gozo y agradecimiento para con Dios y Su confirmación fue escuchar de la boca del pastor principal: “Andrés, no tengo nada negativo que decir de ti, ni de tu esposa. Después de aquella reunión que tuvimos, los vi servir con más amor y entrega.”

¡Gloria a Dios! Aprendimos a someternos. Actuamos como hijos y no como huérfanos y la recompensa fue grande.

¡Crecimos en gracia y en sabiduría delante de Dios y de los hombres!

Creo que no estaríamos escribiendo este libro de haber escogido diferente.

El Perdón

EFESIOS 4.32

"ANTES SED BENIGNOS UNOS CON OTROS, MISERICORDIOSOS, PERDONÁNDOOS UNOS A OTROS, COMO DIOS TAMBIÉN OS PERDONÓ A VOSOTROS EN CRISTO."

JUAN 7:38

EL QUE CREE EN MÍ, COMO DICE LA ESCRITURA, DE SU INTERIOR CORRERÁN RÍOS DE AGUA VIVA.

Para que un río sea río, necesita fluir (no quedar estancado). El perdón es parte del río de amor que fluye del trono de Dios hacia nosotros. El amor es Dios y el amor está dispuesto a perdonar. Cuando hemos recibido en nuestro corazón ese amor real que proviene de Dios mismo y que se hace tangible en el perdón que recibimos de Él, estaremos dispuestos a perdonar sin importar la ofensa recibida. El río de amor fluirá en nosotros y hará que el ciclo del perdón sea algo cotidiano en nuestras vidas.

La oración modelo nos enseña que Dios perdona nuestras ofensas, así como nosotros perdonamos a quienes nos ofenden (Mateo 6:12). El amor de Dios en nosotros nos hace entender que lo necesitamos cada día de nuestras vidas, que sin importar donde estamos hoy en nuestra relación con Él, mañana podemos caer presos del engaño y de nuestra propia concupiscencia que nos motiva al pecado. (Quién crea estar firme mire que no caiga) (1Corintios 10:12). Cuando hemos "entendido" nuestra necesidad del perdón de Dios por nuestros pecados, pero nos negamos a perdonar a quienes nos han herido realmente lo que tenemos es un concepto en nuestra mente del perdón, pero no el perdón de Dios en nuestro corazón.

**Saber es diferente a creer. Lo que sé está en mi mente;
lo que creo está en mi corazón.**

El ciclo de perdón puede ser comparado con la respiración humana. Así como respirar es inhalar y exhalar. El perdón es recibir y entregar. Imagina a alguien que inhala, pero después no quiere exhalar; definitivamente, moriría y pensaríamos que está loco. A través del sacrificio de Jesús, Dios nos ha perdonado y ha provisto para que nuestras almas puedan inhalar vida y exhalar muerte.

Cuando recibes perdón por tus pecados, entra a tu corazón algo vital que lo mantiene sano, limpio; cuando perdonas a quien te ha herido, sale de él algo, que, si se quedara, te contaminaría y te mataría.

PROVERBIOS 4:23

*SOBRE TODA COSA GUARDADA, GUARDA TU CORAZÓN;
PORQUE DE ÉL MANA LA VIDA.*

El perdón no es una opción de vida; es vida.

Génesis 18: 16-33 nos muestra el corazón perdonador de Dios. Sodoma y Gomorra estaban llenas de pecado y, sin embargo, Dios estaba dispuesto a perdonar a todos sus habitantes por la justicia de sólo diez hombres. Pese a su disposición, sabemos que eso no sucedió. Dios sólo encontró un justo entre todos los moradores de esas tierras y Lot y su familia fueron sacados de allí antes de la horrible destrucción.

La conversación de Abraham con Dios nos permite ver la grandeza de Su misericordia.

SALMOS 103:3

ÉL ES QUIEN PERDONA TODAS TUS INIQUIDADES...

Definitivamente, necesitarás primero recibir su perdón por tus pecados, para después poder otorgar perdón a otros. Nadie puede exhalar sino ha inhalado primero. Nadie puede dar lo que no ha recibido.

Aprendiendo a Pedir Perdón

Pedir perdón por una ofensa requiere de un proceso previo que consta de dos pasos:

- Recibir convicción de pecado
- Arrepentimiento genuino

Recibir convicción de pecado es reconocer, darme cuenta de que me equivoqué, que cometí una falta, que herí a alguien, que desobedecí a Dios.

Pídele ayuda a Dios para que puedas ver tus errores.

Él quiere limpiarte, así que estará dispuesto a confrontarte y mostrarte aquellas cosas que están mal en tu vida. Una muy buena oración para este propósito se encuentra en:

SALMOS 139:23-24

EXAMÍNAME, OH DIOS, Y CONOCE MI CORAZÓN;
PRUÉBAME Y CONOCE MIS PENSAMIENTOS;
Y VE SI HAY EN MÍ CAMINO DE PERVERSIDAD,
Y GUÍAME EN EL CAMINO ETERNO.

Arrepentimiento genuino es un cambio de corazón. Mi corazón rechaza eso incorrecto que hice, se aflige por haberle fallado a Dios, a sí mismo y a otros y no desea volverlo a hacer.

Cuando me arrepiento de corazón, confieso a Dios mi falta y pido Su perdón, recibo ese perdón divino que me limpia de toda maldad.

1 JUAN 1:9

SI CONFESAMOS NUESTROS PECADOS, ÉL ES FIEL Y JUSTO PARA PERDONAR NUESTROS PECADOS, Y LIMPIARNOS DE TODA MALDAD.

Dios nunca niega su perdón cuando venimos a Él humillados y reconociendo nuestras faltas. (Salmos 51:17)

Recuerda, todos hemos pecado, pero el pecado de otros contra ti no justifica el tuyo contra ellos.

Tus pecados son tu responsabilidad ante Dios y necesitas verlos, arrepentirte, y pedir perdón por ellos. Dios se encargará de lo demás. Él te perdonará y limpiará tu corazón para que puedas crecer sano.

Pedir perdón es:

- Morir a tu carne.
- Despojarte del yo.
- Tener en poca estima tu imagen y en mucha estima tu corazón y el de otros.
- Es quitarte las caretas frente a otros y permitir que vean tu verdadero rostro. No olvides que Dios lo ve siempre y te ama. Ámate tú también a ti mismo y se transparente.
- Es obedecer a Dios y permitirte prosperar.

PROVERBIOS 28:13

EL QUE ENCUBRE SUS PECADOS NO PROSPERARÁ; MAS EL QUE LOS CONFIESA Y SE APARTA ALCANZARÁ MISERICORDIA

Una vez que recibes el perdón de Dios, deberás pedir perdón a la persona ofendida.

ROMANOS 12:18

SI ES POSIBLE, EN CUANTO DEPENDA DE VOSOTROS, ESTAD EN PAZ CON TODOS LOS HOMBRES.

El pedir perdón a quienes has herido, derribará fortalezas de orgullo y arrogancia en ti. Te liberará para seguir siendo sanado y comenzará a cambiar tus vínculos de temor por vínculos de amor.

Tomate tu tiempo para hacer esto y espera que tu corazón esté lo suficientemente humilde como para no justificar tu pecado. Una frase incorrecta sería: "(Nombre de la persona a quien ofendiste), si te ofendí, te pido perdón, pero es que tú...

Cuando se pide perdón el "si te ofendí" está de más, ya sabes que ofendiste porque Dios te lo ha mostrado. También está de más el "pero es que tú"; no te justifiques, confiesa tu arrepentimiento y deja afuera las razones, las escusas, las culpas o responsabilidades de otros... Simplemente responsabilízate por tus actitudes y crece.

En todo lo que digas y hagas, déjate guiar por Dios y ora pidiendo dirección y prudencia. El que pidas perdón por tus errores a alguien no significa que esa persona va a volver a confiar en ti automáticamente. La confianza es algo que se construye y una vez que se rompe, necesitará reconstruirse. El proceso de reconstrucción requerirá esfuerzo y mucha humildad de parte del ofensor. Si de verdad anhelas la restauración del vínculo que rompiste, entonces estarás dispuesto a pagar el precio para restaurarlo y asegúrate que será un vínculo de amor.

Aprendiendo a Perdonar

(MATEO 18:21-35)

ENTONCES, SE LE ACERCÓ PEDRO Y LE DIJO: SEÑOR, ¿CUÁNTAS VECES PERDONARÉ A MI HERMANO QUE PEQUE CONTRA MÍ? ¿HASTA SIETE? JESÚS LE DIJO: NO DIGO HASTA SIETE, SINO AÚN HASTA SETENTA VECES SIETE.

POR LO CUAL EL REINO DE LOS CIELOS ES SEMEJANTE A UN REY QUE QUISO HACER CUENTAS CON SUS SIERVOS. Y COMENZANDO A HACER CUENTAS, LE FUE PRESENTADO UNO QUE LE DEBÍA DIEZ MIL TALENTOS. A ÉSTE, COMO NO PUDO PAGAR, ORDENÓ SU SEÑOR VENDERLE, Y A SU MUJER E HIJOS, Y TODO LO QUE

TENÍA, PARA QUE SE LE PAGASE LA DEUDA. ENTONCES AQUEL SIERVO, POSTRADO, LE SUPLICABA, DICIENDO: SEÑOR, TEN PACIENCIA CONMIGO, Y YO TE LO PAGARÉ TODO. EL SEÑOR DE AQUEL SIERVO, MOVIDO A MISERICORDIA, LE SOLTÓ Y LE PERDONÓ LA DEUDA.

PERO SALIENDO AQUEL SIERVO, HALLÓ A UNO DE SUS CONSIERVOS, QUE LE DEBÍA CIEN DENARIOS; Y ASIENDO DE ÉL, LE AHOGABA, DICIENDO: PÁGAME LO QUE ME DEBES. ENTONCES SU CONSIERVO, POSTRÁNDOSE A SUS PIES, LE ROGABA DICIENDO: TEN PACIENCIA CONMIGO, Y YO TE LO PAGARÉ TODO. MAS ÉL NO QUISO, SINO FUE Y LE ECHÓ EN LA CÁRCEL, HASTA QUE PAGASE LA DEUDA. VIENDO SUS CONSIERVOS LO QUE PASABA, SE ENTRISTECIERON MUCHO, Y FUERON Y REFIRIERON A SU SEÑOR TODO LO QUE HABÍA PASADO. ENTONCES, LLAMÁNDOLE SU SEÑOR, LE DIJO: SIERVO MALVADO, TODA AQUELLA DEUDA TE PERDONÉ, PORQUE ME ROGASTE. ¿NO DEBÍAS TÚ TAMBIÉN TENER MISERICORDIA DE TU CONSIERVO, COMO YO TUVE MISERICORDIA DE TI? ENTONCES SU SEÑOR, ENOJADO, LE ENTREGÓ A LOS VERDUGOS, HASTA QUE PAGASE TODO LO QUE LE DEBÍA. ASÍ TAMBIÉN MI PADRE CELESTIAL HARÁ CON VOSOTROS SI NO PERDONÁIS DE TODO CORAZÓN CADA UNO A SU HERMANO SUS OFENSAS."

Misericordia es un término que proviene del latín y hace referencia a una virtud del ánimo que lleva a los seres humanos a compadecerse de las miserias ajenas. Se trata de una actitud bondadosa que, por lo general, puede mostrar una persona acaudalada hacia alguien que tenga más necesidades que ella, o un sujeto que haya sido ofendido hacia su ofensor. La misericordia en el contexto bíblico es no pagar a alguien como merece por su pecado o falta.

No podremos perdonar si no tenemos amor en nuestro corazón.

1 PEDRO 4:8

Y ANTE TODO, TENED ENTRE VOSOTROS FERVIENTE AMOR; PORQUE EL AMOR CUBRIRÁ MULTITUD DE PECADOS.

Perdonar

Para definir que es perdonar. Miraremos cómo perdona Dios y que implica perdonar para Él. Si queremos ser como Jesús, necesitaremos aprender del Padre.

¿Qué es Perdonar?

1-Abrir las manos y soltar. "Dejar libre a un preso y darme cuenta de que el verdadero preso era yo."[9]

GÁLATAS 5:1

ESTAD, PUES, FIRMES EN LA LIBERTAD CON QUE CRISTO NOS HIZO LIBRES, Y NO ESTÉIS OTRA VEZ SUJETOS AL YUGO DE ESCLAVITUD.

Cuando abro mi corazón y dejo ir a la persona que me ha herido, mi alma se libera de la cadena que la unía al evento doloroso y a la persona en cuestión que me hirió. Obtengo mi libertad del resentimiento, del odio, de la amargura... Dejo de sentirme mal cuando esa persona dice algo, o hace algo que me recuerda la herida. No voy a reaccionar contra alguien mas que me recuerde lo que esa persona me hizo.

[9] Lewis B. Smedes – "Perdonar y Olvidar"

2-Renunciar a cobrar una deuda pendiente o a vengarse por el mal que se ha recibido.

ROMANOS 12:19

NO OS VENGUÉIS VOSOTROS MISMOS, AMADOS MÍOS, SINO DEJAD LUGAR A LA IRA DE DIOS; PORQUE ESCRITO ESTÁ: MÍA ES LA VENGANZA, YO PAGARÉ, DICE EL SEÑOR.

ROMANOS 6:23

PORQUE LA PAGA DEL PECADO ES MUERTE, MAS LA DÁDIVA DE DIOS ES VIDA ETERNA EN CRISTO JESÚS SEÑOR NUESTRO.

Al perdonar tendremos que asumir la pérdida, pues el ofensor no tiene como pagarnos. Quién otorga el perdón es movido a misericordia y siempre es más rico* que quien contrae la deuda.

*Riqueza espiritual = AMOR, SABIDURÍA, CONOCER a DIOS.

EFESIOS 1:6-9

PARA ALABANZA DE LA GLORIA DE SU GRACIA, CON LA CUAL NOS HIZO ACEPTOS EN EL AMADO, EN QUIEN TENEMOS REDENCIÓN POR SU SANGRE, EL PERDÓN DE PECADOS SEGÚN LAS RIQUEZAS DE SU GRACIA, QUE HIZO SOBREABUNDAR PARA CON NOSOTROS EN TODA SABIDURÍA E INTELIGENCIA, DÁNDONOS A CONOCER EL MISTERIO DE SU VOLUNTAD, SEGÚN SU BENEPLÁCITO, EL CUAL SE HABÍA PROPUESTO EN SÍ MISMO.

Cuando renuncio a vengarme actúo como hijo, reconociendo que sólo mi Padre Celestial es juez justo. Él hará justicia.

3-Olvidar una falta u ofensa recibida.

ISAÍAS 43:25

YO, YO SOY EL QUE BORRO TUS REBELIONES POR AMOR DE MÍ MISMO, Y NO ME ACORDARÉ DE TUS PECADOS.

Si te valoras a ti mismo de manera sana (identidad de hijo), estarás dispuesto a perdonar la ofensa recibida y querrás olvidarla.

SALMOS 25:11

POR AMOR DE TU NOMBRE, OH JEHOVÁ, PERDONARÁS TAMBIÉN MI PECADO, QUE ES GRANDE.

Cuando nos aferramos al recuerdo del mal que nos han hecho y lo mantenemos en la superficie de nuestro corazón, realmente no hemos decidido perdonar.

MIQUEAS 7:18-19

¿QUÉ DIOS COMO TÚ, QUE PERDONA LA MALDAD, Y OLVIDA EL PECADO DEL REMANENTE DE SU HEREDAD? NO RETUVO PARA SIEMPRE SU ENOJO, PORQUE SE DELEITA EN MISERICORDIA. EL VOLVERÁ A TENER MISERICORDIA DE NOSOTROS; SEPULTARÁ NUESTRAS INIQUIDADES, Y ECHARÁ EN LO PROFUNDO DEL MAR TODOS NUESTROS PECADOS.

Escoger olvidar la ofensa recibida no es negar la realidad, no quiere decir que el pecado de la persona que me hirió nunca existió. Las cosas que se envían al fondo del mar existieron en la superficie, son reales, simplemente, quedan lejos de nuestro alcance.

Si bien, Dios puede usar tu testimonio para su gloria, y para impartir vida a otros al contarles de donde Dios te sacó, tu deseo, al perdonar, debe ser el de olvidar. Eventualmente, si Dios quiere que compartas con alguien algo que perdonaste en el pasado y hoy forma parte de Su obra en ti, Él te lo recordará en el momento en que lo necesites Y lo compartirás con humildad para engrandecer Su Nombre.

Examen del Corazón

Dios te perdonó. El Rey perdonó a su siervo.

¿A quién perdonarás tú?

¡El Perdonar requiere OBEDIENCIA! No se hace porque se siente o porque la persona que nos ofendió se lo merece, o se arrepintió de lo que hizo; se hace porque Dios nos manda a hacerlo y este es su bálsamo para sanar las heridas en nuestro corazón. No perdonar es como tomarnos un veneno y esperar que la persona que nos ofendió muera; cuando el que está muriendo es uno mismo.

En su infinito amor Dios nos enseña a perdonar para que podamos ser libres, aun cuando la persona que nos hirió nunca se arrepienta. Perdonar es algo que harás con Dios como testigo y para lo que no necesitas que el ofensor esté presente. Ni siquiera necesitas infórmale lo que has hecho o harás.

Perdonar te beneficia sólo a ti mismo. Tú eres el único que sale ganando; cuando perdonas, ganas tu libertad.

¿De qué te libera perdonar?

Te libera del pasado y deja el dolor que viviste en ese pasado que no puedes cambiar. Te libera del resentimiento acumulado en tu corazón que te mantiene esclavo de quien te hirió o te ofendió. El perdón te libera de ataduras que amargan tu alma y enferman tu cuerpo.

Perdonar significa otorgar gracia y favor inmerecidos.

> **MARCOS 11:25-26**
> *"Y CUANDO ESTÉIS ORANDO, PERDONAD, SI TENÉIS ALGO CONTRA ALGUNO, PARA QUE TAMBIÉN VUESTRO PADRE QUE ESTÁ EN LOS CIELOS OS PERDONE A VOSOTROS VUESTRAS OFENSAS. PORQUE SI VOSOTROS NO PERDONÁIS, TAMPOCO VUESTRO PADRE QUE ESTÁ EN LOS CIELOS OS PERDONARÁ VUESTRAS OFENSAS."*

Perdonar a alguien no hace de esa persona alguien malo o bueno, sino reafirma el simple hecho de que es humano y por ende pecador.

¿Cómo perdono?

1-Haciendo frente, específicamente, al mal que me han hecho.

Perdonar cada evento que el Espíritu Santo te muestra es tu oportunidad para ser perfeccionado en el amor de Dios que no sólo sana la herida en tu corazón sino también echa fuera el temor de ti. Perdonar cada herida que tus padres te causaron es saltar un obstáculo que te impide caminar hacia los brazos de tu Padre Celestial en donde encuentras la vida en abundancia que Cristo te ha regalado.

2-Enfrentando el dolor, no desecharlo con clichés o frases cristianas prefabricadas

Si puedes recordar eventos dolorosos y aún sentir dolor quiere decir que no has perdonado a quienes causaron esas heridas. Muchas veces enmascaramos el dolor o lo ignoramos para mostrar fortaleza, pero la realidad es que quién no enfrenta el dolor es débil y hay temor en su corazón. La palabra de Dios nos promete que su perfecto amor echa fuera el temor. Y que Su poder se perfecciona en nuestras debilidades. Él te ayudará a enfrentar el dolor y te sanará.

3-Identificando mi reacción ante el mal que me han hecho, y enfrentándola.

Cuando somos heridos y no perdonamos. Suceden varias cosas en nuestro corazón como reacción al dolor que estamos sintiendo y en un intento por seguir viviendo a pesar de las heridas.

- Levantamos fortalezas
- Hacemos juicios
- Emitimos votos

En la sección anterior Corazón de Hijo vs Corazón Huérfano, tocamos en detalle estos tres conceptos. Si tienes dudas regresa y lee de nuevo.

Con cada herida que perdones, necesitarás pedirle a Dios que destruya las fortalezas que levantaste en tu corazón para protegerte, que te perdone por los juicios y votos emitidos y que te limpie de las consecuencias de ellos a ti y a tus generaciones.

4-Enfrentandome a la cruz.

Me enfrento a la cruz cuando a pesar de mis sentimientos obedezco a Dios y me dispongo a perdonar. Eso fue lo que hizo Jesús (nuestro modelo de hijo) Él oró diciendo al Padre que si era posible pasara de Él esa copa (la cruz), pero que no se hiciera como Él pedía, sino la voluntad del Padre.

Si dejo a un lado lo que me impide perdonar y me someto a la voluntad de Dios en obediencia, aunque no lo sienta; yo habré hecho mi parte y Dios hará la suya. Mi trabajo es obedecer; el trabajo de Dios es sanar mi corazón, cambiar mis sentimientos, y restaurar mi vida.

En nuestra carne nos es imposible vivir llenos de heridas sin recibir la atención médica necesaria. ¿Por qué creemos que será diferente en el alma?

Sólo Dios tiene el poder para sanar nuestra alma y su medicina para hacerlo es el perdón. El perdonar es el producto del amor de Dios en nuestro corazón. El perdón sana las heridas; el amor olvida lo que las causó.

No debemos dejarnos llevar por nuestros sentimientos a la hora de perdonar; Dios los cambiará después de que tomemos la decisión de perdonar. Cuando andamos en obediencia, Dios nos cambia. Si nos negamos a perdonar, eso significa que el dolor crecerá y nos estamos reservando el derecho a vengarnos; por tanto, estamos tomando el lugar de Dios, quién es el único apto para hacer justicia.

Nuestra decisión de andar en obediencia nos capacita para el llamado de Dios. Si no podemos ser obedientes, Dios no puede usarnos para su gloria porque buscaremos satisfacer nuestros propios anhelos egoístas para apagar/atenuar el dolor en nuestro corazón en vez de recibir el amor de Dios y entregarlo a otros (Misión DEL PADRE)

> **1 SAMUEL 15:22-23**
>
> *Y SAMUEL DIJO: ¿SE COMPLACE JEHOVÁ TANTO EN LOS HOLOCAUSTOS Y VÍCTIMAS, COMO EN QUE SE OBEDEZCA A LAS PALABRAS DE JEHOVÁ? CIERTAMENTE EL OBEDECER ES MEJOR QUE LOS SACRIFICIOS, Y EL PRESTAR ATENCIÓN QUE LA GROSURA DE LOS CARNEROS. PORQUE COMO PECADO DE ADIVINACIÓN ES LA REBELIÓN, Y COMO ÍDOLOS E IDOLATRÍA LA OBSTINACIÓN. POR CUANTO TÚ DESECHASTE LA PALABRA DE JEHOVÁ, ÉL TAMBIÉN TE HA DESECHADO PARA QUE NO SEAS REY.*

Saúl había sido ungido por Dios para ser rey, pero por su desobediencia perdió la posición privilegiada que le había sido otorgada.

¡Es un privilegio servir a Dios!

Pidiendo perdón a Dios y a nuestros Padres.

En la sección anterior aprendiste que el primer paso para convertir un corazón huérfano en uno de hijo es pedir perdón a Dios por tus pecados contra tus padres o figuras de autoridad. Así que regresa a la tabla de las responsabilidades y con detenimiento, lee las responsabilidades de hijo que se encuentran en la primera columna.

Pídele a Dios que te muestre en que has fallado como hijo. Ora al Padre pidiendo perdón por tus ofensas y sé específico en lo que el Espíritu Santo te haya mostrado. Esto es un proceso de limpieza y sanidad, hazlo con calma y deja que el Espíritu Santo te guíe.

ORACIÓN

Ejemplo de Oración (esto es sólo un ejemplo a usar, por favor deja que el Espíritu Santo te guíe)

Padre Celestial,

Me arrepiento de todo corazón por haber: (deshonrado, mentido, ofendido, desobedecido, ignorado, entristecido) a mi/mis (padre / madre / padres).

Te pido perdón Señor.

¿Me perdonas? (Escucha la voz de Dios hablando perdón a tu corazón) (Su voz es apacible - Reyes 19:11-13 - nunca condenatoria)

Padre recibo tu perdón que me limpia de maldad y te pido que me ayudes a aprender a ser hijo.

Te lo pido en el nombre de Jesús, Amén.

Una vez que hayas pedido perdón a Dios por todo lo que te muestre, estarás listo para pedir perdón a quienes ofendiste, en este caso, a tus padres.

Recuerda ser humilde y prudente a la hora de pedir perdón por tus ofensas. Ora pidiendo a Dios sabiduría antes de ir a conversar con tus padres o figuras de autoridad en tu vida. Pedir perdón no es tirar en el corazón de alguien mas toda la basura que has escondido por años en el tuyo. Pide ayuda a tus pastores o líderes espirituales, especialmente si hay pecados secretos de por medio. O sea, pecados tuyos que afectaron a tus padres y a otras personas, pero que nunca salieron a la luz totalmente.

No olvides que el que encubre sus pecados no prosperará

Aun cuando tus padres ya no estén. Físicamente, tomate el tiempo para pedirles perdón por aquellas cosas que Dios te haya mostrado en el transcurso de lo que has aprendido. Recuerda que esto es sanidad para tu alma y espíritu así que puedes orar la oración anterior y agregar:

Padre Celestial, aunque mis padres ya no están conmigo desde mi corazón yo les pido perdón por las ofensas mencionadas. Me arrepiento de todo corazón y te pido que me ayudes a ser un mejor hijo a ti mi Dios. En el nombre de Jesús, Amén.

Perdonando a nuestros padres o figuras paternas

Perdonar a nuestros Padre no significa deshonrarlos. Significa reconocer que tanto ellos como nosotros necesitamos de Dios. Significa reconocer que son humanos y pecadores como nosotros.

PERDONAR (Resolviendo Traumas)

Regresa a la tabla de responsabilidades y revisa la columna de la derecha (Responsabilidades de Padres) Pide a Dios en oración que te muestre cuales de estas responsabilidades fueron incumplidas por tus padres. Además, revisa los ejemplos de traumas tipo A y B que se encuentran en el capítulo 4. En oración al Padre, permite que Su Espíritu te revele las heridas que ellos hicieron a tu corazón.

Escribe en una hoja de papel, todos los eventos que Dios traiga a tu mente. Pregúntale que juicios y/o votos emitiste con cada evento y anótalos al lado del evento que los motivó.

Recuerda: si hay dolor, hay heridas abiertas u ofensas que no han sido perdonadas, por lo menos, no totalmente.

Se honesto contigo y con Dios y ponle nombre a cada herida (abandono, abuso físico, abuso verbal, rechazo, disciplina con ira, mentiras, promesas incumplidas, comparaciones, descuido, manipulación, injusticias, preferencia por otros hermanos....)

Una de las cosas que necesitas para crecer es aprender a ponerle nombre a tus sentimientos. Usa este ejercicio para dejar que tu alma exprese qué sintió con cada herida recibida. Deja que hable el bebé, niño o adolescente que está en ti.

Cuando miramos nuestras heridas como adultos, físicamente hablando, a veces menospreciamos la importancia de ellas y el dolor que causaron. Necesitamos permitirnos regresar, de la mano de Jesús, a esas memorias que se convirtieron en traumas y experimentar el dolor que sentimos en ese momento para cuantificar el daño y perdonar objetivamente a quién nos hirió.

Hace un tiempo atrás llegó a nuestra congregación una muchacha hermosa con un corazón dispuesto para Dios y un deseo inmenso de ser transformada por Él. Cuando terminamos la clase del perdón a los padres, se acercó a mí (Marialina) y me contó que su papá las había abandonado a ella y a su hermana en un momento muy difícil de sus vidas porque su mamá estaba enferma. Ella decía que no sentía nada contra su papi y que creía que no tenía nada que perdonar o que ya lo había perdonado totalmente. Entonces le pregunte: ¿Quién dice eso, la mujer que tengo delante de mí o la niña que vio irse a su papá cuando más lo necesitaba?

Al momento sus ojos se llenaron de lágrimas. Había dolor en el corazón de la niña, por lo tanto, el perdón no estaba completo. Ella había quedado estancada en su madurez y el abandono de su padre, aún no resuelto, era uno de los obstáculos que impedía su crecimiento.

Si has sido cristiano por tiempo, puede ser que confundas el saber que necesitas perdonar con el haber perdonado realmente de corazón a quienes te han herido.

Con tu lista en mano y en obediencia al Padre perdona cada una de las ofensas que el Espíritu Santo te recordó. Deja que Él te guie a la verdad. Muchas veces las heridas en nuestro corazón se deben a cómo percibimos lo que alguien hizo y no realmente a lo que hizo. Conocer la verdad de cada evento traerá libertad a tu vida. Escucha lo que Dios tiene para decirte. En este momento no necesitas ser fuerte, por el contrario, necesitas dejarte amar, consolar, abrazar y guiar por Dios.

Usa la siguiente oración como una guía para comenzar a perdonar. El dolor que puedas estar sintiendo es un dolor sanador. Si obedeces, terminará y recibirás libertad. Tus heridas abiertas sanarán y se convertirán en cicatrices. El dolor terminará.

ORACIÓN para Perdonar

(Esto es sólo un ejemplo para usar como muestra, por favor deja que el Espíritu Santo te guíe)

Padre Celestial,

Gracias por tu amor, por perdonar mis pecados y recibirme como tu hijo/a. Gracias por enviar a Jesús a morir por mí, gracias porque su sangre me limpia de maldad y me regala una nueva vida. Gracias porque tus misericordias son nuevas cada mañana y tú olvidas mis pecados y los envías al fondo del mar.

Hoy vengo delante de ti, en obediencia, para perdonar a (nombre de la persona a quién estás perdonando)

Padre, así como tú me has perdonado a mí, yo hoy decido perdonar a (nombre de la persona a quién estás perdonando) y otorgarle gracia y misericordia.

(Nombre de la persona a quién estás perdonando) te perdono por: (evento o eventos que Dios traiga a tu mente) (sé especifico y déjate guiar por el Espíritu Santo)

y renuncio a cobrar la deuda que tienes conmigo. No me debes nada. Abro mis manos y te dejo ir, te libero y me libero para que Dios sea juez sobre tu vida.

Reconozco que no me puedes pagar por el daño/dolor que causaste a mi corazón, a mi vida y escojo perdonarte en obediencia a Dios.

Padre Celestial, sana las heridas en mi corazón por este/os evento/os y restáurame. Te pido perdón por el resentimiento que he acumulado dentro de mí. Hoy me libero de él y de todas sus consecuencias en mi vida. Ayúdame a olvidar estas ofensas que (Nombre de la persona que estás perdonando) me hizo.

Creo que este acto de obediencia de mi parte abre mi corazón para recibir Tu gracia como bálsamo sanador sobre mis heridas. Renuncio a todas las mentiras que el enemigo ha puesto en mi mente por estos eventos dolorosos, y creo que la verdad como luz radiante echa fuera las tinieblas de mi mente destruyendo toda fortaleza que se ha levantado en mi corazón que me impide conocerte. También renuncio a los juicios que emití contra (nombre de la persona a quien estas perdonando). Reconozco que sólo Tú, Padre amado, puedes ser juez justo y por tanto me arrepiento de haber pecado al juzgar.

Cancelo/ rompo todo voto hecho a raíz de estas heridas reconociendo que no puedo confiar en mi propia prudencia y que sólo Tú, Señor, mereces mi confianza porque únicamente Tú, sabes lo que es mejor para mí. Me cubro con la sangre de Cristo que tiene el poder para sanarme y liberarme de toda maldad. Y cancelo en el nombre de Jesús todo plan de las tinieblas para robarme el gozo y las bendiciones de obedecerte, mi Dios, perdonando a (nombre de la persona a quién estás perdonando).

Gracias Padre Celestial por darme el valor para ser obediente. ¡Lléname con tu amor!!! Te doy gracias y te pido todo en el nombre de tu hijo amado Jesús. Amén

Después que hayas terminado con cada evento en la lista, juicios y votos, rompe este papel.

Lo que has enviado al fondo del mar debe quedar allí. Tomará tiempo hasta que las heridas cierren y se conviertan en cicatrices. Mientras tanto recuérdale a tu alma que ya perdonaste y que eres libre del resentimiento y la amargura que antes te asechaban. Pon limites saludables y no permitas que te hablen del tema, ni tampoco lo saques a relucir tú. Eso añadiría dolor innecesario a tu proceso de sanidad.

Apóyate en esos adultos maduros que Dios ha provisto para que caminen contigo y te motiven a ser todo lo que Dios te creó para ser. Este proceso requerirá de fe y obediencia de tu parte, pero también necesitarás confiar en esas personas que Dios envíe para apoyarte y ayudarte cuando el dolor sea intenso o el cansancio imposible de soportar. Lee, Josué 17:8-13. Como verás en este pasaje Moisés necesitó de Aarón y de Hur para sostener la vara cuando sus manos se cansaban. Él creía en la victoria que Dios ya les había entregado, pero sus manos desfallecían por el dolor del esfuerzo físico de muchas horas. Aarón y Hur hicieron posible que la vara permaneciera en alto en las manos de Moisés y el ejercito Israelita ganó la batalla. Cree, persevera, obedece.

¡En Cristo somos más que vencedores!

Si has seguido y obedecido las instrucciones de este capítulo, estás listo para seguir caminando y comenzar a profundizar en conocer la verdad. En el capítulo 4 definimos las etapas de la madurez y te explicamos que mientras los bebés necesitan recibir amor y cuidado incondicional; los niños deben aprender a cuidarse a sí mismos y a hacer cosas difíciles. Los niños necesitan ser instruidos en la VERDAD.

Haz estado expuesto a la verdad desde el comienzo de este libro con cada pasaje bíblico que has leído, pero en el siguiente capítulo te daremos una descripción precisa y detallada de La VERDAD.

Definiremos nuestra necesidad de ella y el peligro de ignorarla. Veremos a Jesús como modelo a seguir ya no solo como el hijo sino también como el hermano, el amigo, y el esposo de su iglesia, constituida cuando el Espíritu de Verdad fue enviado al hombre.

Respira profundo, Dios tiene más para ti.

JUAN 14:16-23

Y YO ROGARÉ AL PADRE, Y OS DARÁ OTRO CONSOLADOR, PARA QUE ESTÉ CON VOSOTROS PARA SIEMPRE: EL ESPÍRITU DE VERDAD, AL CUAL EL MUNDO NO PUEDE RECIBIR, PORQUE NO LE VE, NI LE CONOCE; PERO VOSOTROS LE CONOCÉIS, PORQUE MORA CON VOSOTROS, Y ESTARÁ EN VOSOTROS.

CAPÍTULO 6

La Verdad

JUAN 1:17

PUES LA LEY POR MEDIO DE MOISÉS FUE DADA, PERO LA GRACIA Y LA VERDAD VINIERON POR MEDIO DE JESUCRISTO.

Como está definido en el versículo que nos ocupa en la segunda parte de este libro, Cristo es la verdad. Jesús se define a sí mismo como LA VERDAD.

YO SOY EL CAMINO, LA VERDAD, Y LA VIDA, NADIE VIENE AL PADRE SINO POR MÍ.

Su persona responde a todas las preguntas que podamos tener acerca de la verdad.

JUAN 18:37-38

LE DIJO ENTONCES PILATO: ¿LUEGO, ERES TÚ REY? RESPONDIÓ JESÚS: TÚ DICES QUE YO SOY REY. YO PARA ESTO HE NACIDO, Y PARA ESTO HE VENIDO AL MUNDO, PARA DAR TESTIMONIO A LA VERDAD. TODO AQUEL QUE ES DE LA VERDAD, OYE MI VOZ. LE DIJO PILATO: ¿QUÉ ES LA VERDAD?

Quizás por años de tu vida tú has tenido esta misma pregunta y nunca has encontrado respuesta para ella. El mundo nos dice que la verdad es relativa y las personas se enojan unas con otras defendiendo sus "verdades" de las de otros.

¿Qué es la verdad?

La verdad es la percepción de Dios de la realidad porque su percepción es perfecta. Él ve los hechos tal y como sucedieron y ve la motivación en los corazones de los hombres.

La verdad es lo que Dios dice (su palabra) de un evento, de una persona, o hecho en particular. La verdad es El Verbo. Todo lo que existe por Él fue creado. La verdad es La Luz. La verdad es Jesús.

JUAN 1:14

Y AQUEL VERBO FUE HECHO CARNE, Y HABITÓ ENTRE NOSOTROS (Y VIMOS SU GLORIA, GLORIA COMO DEL UNIGÉNITO DEL PADRE), LLENO DE GRACIA Y DE VERDAD.

JUAN 17:17

SANTIFÍCALOS EN TU VERDAD; TU PALABRA ES VERDAD.

JUAN 1:9-10

AQUELLA LUZ VERDADERA, QUE ALUMBRA A TODO HOMBRE, VENÍA A ESTE MUNDO. EN EL MUNDO ESTABA, Y EL MUNDO POR ÉL FUE HECHO; PERO EL MUNDO NO LE CONOCIÓ.

¿Quién es la verdad?

Dios El Hijo, El Hermano, El Amigo, El Esposo de su Iglesia, El Buen Pastor. Él es el modelo a seguir en cada uno de estos roles. Él es en quién debemos anhelar ser transformados.

MATEO 3:17

Y HUBO UNA VOZ DE LOS CIELOS, QUE DECÍA: ESTE ES MI HIJO AMADO, EN QUIEN TENGO COMPLACENCIA.

MATEO 12:50

PORQUE TODO AQUEL QUE HACE LA VOLUNTAD DE MI PADRE QUE ESTÁ EN LOS CIELOS, ÉSE ES MI HERMANO Y MI HERMANA...

JUAN 15:13-14

NADIE TIENE MAYOR AMOR QUE ESTE, QUE UNO PONGA SU VIDA POR SUS AMIGOS. VOSOTROS SOIS MIS AMIGOS, SI HACÉIS LO QUE YO OS MANDO. YA NO OS LLAMARÉ SIERVOS, PORQUE EL SIERVO NO SABE LO QUE HACE SU SEÑOR; PERO OS HE LLAMADO AMIGOS, PORQUE TODAS LAS COSAS QUE OÍ DE MI PADRE, OS LAS HE DADO A CONOCER.

EFESIOS 5:25

MARIDOS, AMAD A VUESTRAS MUJERES, ASÍ COMO CRISTO AMÓ A LA IGLESIA, Y SE ENTREGÓ A SÍ MISMO POR ELLA

JUAN 10:11

YO SOY EL BUEN PASTOR; EL BUEN PASTOR SU VIDA DA POR LAS OVEJAS.

¿Cómo es la verdad?

La verdad es como Jesús. Él es la encarnación de la verdad. La verdad actúa como Él, piensa como Él, habla como Él y libera como Él.

JUAN 8:31-32

DIJO ENTONCES JESÚS A LOS JUDÍOS QUE HABÍAN CREÍDO EN ÉL: SI VOSOTROS PERMANECIEREIS EN MI PALABRA, SERÉIS VERDADERAMENTE MIS DISCÍPULOS; Y CONOCERÉIS LA VERDAD, Y LA VERDAD OS HARÁ LIBRES.

La verdad nos libera de las mentiras que hemos creído y que nos han mantenido cautivos en ignorancia y dolor impidiéndonos alcanzar el potencial que Dios nos ha dado. Cuando miramos a Jesús en todo su esplendor somos confrontados con la verdad. Él nos modeló lo que es ser un perfecto ser humano. Así que conocerlo a Él, no sólo nos motiva a ser mejores, sino también nos revela aquellas áreas en nuestros corazones en las que necesitamos ser renovados y transformados a su imagen como nos exhorta el versículo de Romanos 12:2 que compartimos con ustedes en el capítulo cinco. Debemos ser transformados por medio de la renovación de nuestro entendimiento. Esto quiere decir que en nuestra mente hay cosas que necesitan ser cambiadas para que podamos comprobar que la voluntad de Dios para nuestras vidas es buena, agradable y perfecta. En el siguiente capítulo profundizaremos más en el entendimiento de la voluntad de Dios. Por ahora nuestra meta es que conozcas la verdad no como un concepto sino como un ser vivo. Éxodo 3:14 & Juan 14:19

La verdad no es una teoría, ni un concepto; para que la verdad se manifieste en nuestras vidas necesitamos esforzarnos por ser y hacer como Jesús.

La verdad es la revelación total de la persona de Jesús a ti y en ti. Es el entendimiento de tu necesidad de morir al hombre natural y tu disposición voluntaria a esa muerte para que Jesús viva a través de ti.

Es poder decir cada día: Padre que no se haga mi voluntad sino la tuya.

Mira el siguiente acróstico y pregúntate a ti mismo si estás en la VERDAD.

V iviendo

E n

R endición

D iaria

A

D ios

Quien está en Cristo es una persona que escoge voluntariamente morir a los deseos de su carne para dar vida.

JUAN 12:24-25

DE CIERTO, DE CIERTO OS DIGO, QUE SI EL GRANO DE TRIGO NO CAE EN LA TIERRA Y MUERE, QUEDA SOLO; PERO SI MUERE, LLEVA MUCHO FRUTO. EL QUE AMA SU VIDA, LA PERDERÁ; Y EL QUE ABORRECE SU VIDA EN ESTE MUNDO, PARA VIDA ETERNA LA GUARDARÁ

Eso es lo que nos modeló Jesús. Esa es la verdad y necesitamos abrazarla y permanecer en ella.

Quizás por años de tu vida te has llamado cristiano porque creíste y confesaste con tu boca que Jesús es el Señor; sin embargo, no te has comportado como Él. Ni siquiera puedes decir que te has esforzado por hacerlo, mas bien, te has justificado porque no lo haces buscando escusas en la conducta de otros.

Puedes vivir tu vida esforzándote por obedecer a Dios o justificándote porque no lo obedeces.

¿Qué escoges hoy? Las mentiras que te dices a ti mismo para justificar tu desobediencia no te salvarán de las consecuencias de tu pecado. Solo La Verdad te puede liberar; solo La Verdad puede traer sanidad y paz a tu corazón.

2 CORINTIOS 5:17

DE MODO QUE SI ALGUNO ESTÁ ***EN CRISTO***[10]*, NUEVA CRIATURA ES; LAS COSAS VIEJAS PASARON; HE AQUÍ TODAS SON HECHAS NUEVAS.*

Vamos a detenernos aquí y examinar el versículo arriba.

Estar en Cristo es estar en el CAMINO, en LA VERDAD y en la VIDA porque Él es esas tres cosas. Estar en Cristo es la condición para que yo sea una nueva criatura para quien las cosas viejas pasaron y todas son hechas nuevas.

Estar en Cristo es algo más que ser salvo; es caminar El CAMINO, es permanecer en LA VERDAD.

---

[10] Énfasis añadido por los autores.

Si como cristianos seguimos incurriendo con frecuencia en los pecados del pasado, es porque no estamos en Cristo. Creer en Cristo y estar en Cristo son dos cosas que se relacionan pero que no son lo mismo. Creer te salva; estar te transforma en nueva criatura.

ROMANOS 8:1

AHORA, PUES, NINGUNA CONDENACIÓN HAY PARA LOS QUE ***ESTÁN EN CRISTO***[11] *JESÚS, LOS QUE NO ANDAN CONFORME A LA CARNE, SINO CONFORME AL ESPÍRITU.*

Si después de creer que Jesús es el Hijo de Dios, a menudo, seguimos escogiendo la mentira en nuestro diario vivir, permaneceremos en el pasado, permaneceremos en los deseos de la carne y no habrá renovación plena en nosotros.

Los que así actúan son cristianos emocionales que reciben con gozo las buenas nuevas e incluso las comparten con otros, pero sus vidas no dan testimonio de la verdad y entonces sus frutos son muy limitados (quizás 30 por 1). (Mateo 13:23)

Necesitamos exponernos a un proceso de santificación para que podamos, cada vez más, permanecer en la verdad y modelarla.

JUAN 17:17

SANTIFÍCALOS EN TU VERDAD; TU PALABRA ES VERDAD.

Estar en Jesús se define en el siguiente pasaje:

1 JUAN 2:3-6

Y EN ESTO SABEMOS QUE NOSOTROS LE CONOCEMOS, SI GUARDAMOS SUS MANDAMIENTOS. EL QUE DICE: YO LE CONOZCO, Y NO GUARDA SUS MANDAMIENTOS, EL TAL ES MENTIROSO, Y LA VERDAD NO ESTÁ EN ÉL; PERO EL QUE GUARDA SU PALABRA, EN ESTE VERDADERAMENTE EL AMOR DE DIOS SE HA PERFECCIONADO; ***POR ESTO SABEMOS QUE ESTAMOS EN ÉL.***[12] *EL QUE DICE QUE PERMANECE EN ÉL, DEBE ANDAR COMO ÉL ANDUVO.*

En la vida espiritual, podemos ser espectadores, discípulos o siervos. El Señor Jesús tuvo a los tres tipos de personas.

Miles se agolpaban para escucharlo y regresar luego a sus hogares sin haber cambiado. Decenas, tal vez incluso cientos, le seguían y le escuchaban con fervor mientras enseñaba. Pero solamente un puñado se arriesgó a servir al lado de Jesús y a aprender a sus pies. Estos fueron los que cambiaron al mundo.

Siendo Jesús El Verbo, la palabra que crea y que da vida, conocer a Jesús es conocer y poner en práctica la palabra de Dios.

Para que puedas permanecer en la verdad no solo necesitas conocerla sino creerla. Tus creencias definen tu conducta. No nos comportamos por lo que sabemos sino por lo que creemos. El conocimiento está en mi mente; lo que creo está en mi corazón. En el capítulo 2 introdujimos este concepto para ayudarte a entender tu verdadera identidad. Pero las creencias falsas en nuestra mente no solamente afectan nuestra identidad, sino todas las áreas de nuestra vida.

¡Es sorprendente cómo antiguas creencias determinan decisiones nuevas! Creencias falsas en tu corazón relacionadas con el poder, la salud, el sexo, la libertad, la lealtad, la honestidad, la

[11, 12] Énfasis añadido por los autores.

apariencia, etc. que aún no han sido sustituidas por la verdad pueden estar llevándote a tomar decisiones que te alejan de Jesús y te sacan del CAMINO. Decisiones que están arraigadas a tu mentalidad de huérfano y no a tu identidad de hijo.

Esta es la lucha entre el viejo hombre y el nuevo hombre. Entre la pasada manera de vivir y la nueva manera que nos enseña la palabra de Dios, entre las mentiras que creíamos verdades y LA VERDAD.

Fuentes de autoridad en la vida del hombre

Nuestras creencias están determinas por cuatro fuentes de autoridad que controlan o han controlado nuestra vida. La palabra de Dios debe ser la única fuente de autoridad en la vida del cristiano porque solo ella es totalmente confiable. Sin embrago, hay otras tres fuentes que compiten contra la verdad y muchas veces nos alejan de ella.

1- Las Tradiciones.

MARCOS 7:1

LE PREGUNTARON, PUES, LOS FARISEOS Y LOS ESCRIBAS: ¿POR QUÉ TUS DISCÍPULOS NO ANDAN CONFORME A LA TRADICIÓN DE LOS ANCIANOS, SINO QUE COMEN PAN CON MANOS INMUNDAS? RESPONDIENDO ÉL, LES DIJO: HIPÓCRITAS, BIEN PROFETIZÓ DE VOSOTROS ISAÍAS, COMO ESTÁ ESCRITO: ESTE PUEBLO DE LABIOS ME HONRA, MÁS SU CORAZÓN ESTÁ LEJOS DE MÍ. PUES EN VANO ME HONRAN, ENSEÑANDO COMO DOCTRINAS MANDAMIENTOS DE HOMBRES. PORQUE DEJANDO EL MANDAMIENTO DE DIOS, OS AFERRÁIS A LA TRADICIÓN DE LOS HOMBRES.

Las tradiciones no son necesariamente malas en sí mismas. Lo que puede ser malo es la motivación que te lleva a cumplirlas o a imponerlas sobre otros. Por ejemplo: orar antes de comer es algo bueno que queremos pasar a nuestros hijos y puede convertirse en una tradición de VERDAD en nuestras familias si la motivación de nuestro corazón cuando lo hacemos y cuando lo enseñamos es agradecer a Dios por su provisión y por el alimento que nutre nuestros cuerpos físicos.

Sin embargo, si por el contrario la motivación de nuestros corazones es el cumplir con un "requerimiento" de ser cristianos para que los demás vean lo "agradecidos que somos" entonces esta hermosa tradición no es más que falsedad y mentira en nosotros mismos y carga para nuestros hijos que en la vida real seguro que ya han notado que no somos tan agradecidos como queremos aparentar.

Con frecuencia les reclamaremos a ellos y a otros cuando olviden esta tradición y trataremos de imponerla cuando en realidad debemos modelar la gratitud y la hermosa tradición se sembrará de manera natural en sus corazones y dará frutos de bendición y vida.

Abriendo mi Corazón (Marialina)

Como ya les he compartido fui criada en un hogar de disciplina estricta en el que las tradiciones muchas veces fueron impuestas y confundidas con LA VERDAD. En los años en que era niña y adolescente no se usaban los colores como el azul, el verde, el negro o el violeta (por mencionar algunos) para pintarse las uñas. Los colores tradicionales eran los rosados, los rojos, los naranjas, los carmelitas o marones. Eso cambió con la generación de mis hijas y me tocó evaluar esa tradición a la luz de la palabra de Dios. Realmente no nacemos con uñas pintadas, así que no tenemos ninguna referencia de qué color es aceptado y cual no lo es. El color natural en las uñas es no color. Ha sido un proceso para mí de crecimiento y libertad que no se ha limitado a sólo el entender el tema; sino también a exponerme a enfrentar las críticas de personas de más edad en la familia por permitir que mis hijas rompieran con esa tradición que no está fundada en la verdad y que simplemente es una carga que me fue impuesta y que definitivamente no quería pasar a mis hijas. Poder diferenciar nuestras opiniones y gustos de lo que es LA VERDAD requiere de madurez. Necesitamos ser humildes y enseñables para que el amor prevalezca sobre la dureza de corazón.

No precisamos cambiar nuestros gustos, pero si aceptar los de otros. Cuando imponemos cargas a nosotros o a otros por el qué dirán o por tradiciones de hombres, nos separamos de Dios olvidando la esencia del amor. El amor no busca lo suyo, no se envanece, no es egoísta...

A Andrés no le gustan estos nuevos colores de moda. Sin embargo, después de dejarse moldear por Dios y de permitir que la tradición fuera sustituida en su corazón por la verdad, les hace saber a nuestras hijas cuales colores le gustan sin imponerlos; dejándolas libres para escoger y asegurándoles que él las ama, aunque ellas tengan gustos diferentes a los suyos.

Las tradiciones no respaldadas por LA VERDAD pueden convertirse en fortalezas que nos llevan a emitir juicios que dañarán nuestros corazones y los de otros. Las tradiciones impuestas a la fuerza aun cuando están respaldadas por la verdad serán verdad sin misericordia y la verdad sin misericordia es crueldad. Las tradiciones que imponemos dejando fuera al amor no son mas que hipocresía. Es siempre mejor amar que demandar. Es siempre mejor modelar que criticar o enjuiciar. Recuerda que las modas pasan, pero la palabra de Dios permanece para siempre.

Examen del Corazón

Permítele a Dios que evalué aquellas cosas que son tradiciones en tu vida y deja que todas ellas sean expuestas a LA VERDAD.

Perdona a quienes hayan impuesto falsas "verdades" (mentiras) como tradiciones en ti o que te hayan enseñado verdades sin misericordia.

Pídele perdón a Dios por aquellas tradiciones que te has impuesto o impuesto a otros y que Él te está mostrando que no son más que mentiras o cargas.

Deja que el Espíritu Santo te guíe en todo momento y apóyate en lo que aprendiste sobre el perdón en el capítulo anterior.

Ten misericordia de ti y perdónate por los errores que puedas haber cometido. Recuerda, Dios te ama y sus misericordias son nuevas cada mañana.

No te angusties, ni te desesperes si sientes que te es difícil procesar toda esta instrucción que estas recibiendo. El AMOR es paciente y esperará a que estés listo/a para ayudarte y guiarte a más verdad, a más libertad.

2- El intelecto.

1 CORINTIOS 1:26-27

PUES MIRAD, HERMANOS, VUESTRA VOCACIÓN, QUE NO SOIS MUCHOS SABIOS SEGÚN LA CARNE, NI MUCHOS PODEROSOS, NI MUCHOS NOBLES; SINO QUE LO NECIO DEL MUNDO ESCOGIÓ DIOS, PARA AVERGONZAR A LOS SABIOS; Y LO DÉBIL DEL MUNDO ESCOGIÓ DIOS, PARA AVERGONZAR A LO FUERTE.

PROVERBIOS 9:10

EL TEMOR DE JEHOVÁ ES EL PRINCIPIO DE LA SABIDURÍA, Y EL CONOCIMIENTO DEL SANTÍSIMO ES LA INTELIGENCIA.

A veces pensamos que los muchos títulos académicos nos harán más sabios e inteligentes, pero la verdad, como lo leíste arriba, es otra.

La verdadera sabiduría e inteligencia vienen de temer a Dios. Temer no significa que tengamos miedo de Dios. Los creyentes no tenemos razón para tenerle miedo. El temer a Dios significa tener tal reverencia por Él, que éste tenga un gran impacto en la manera en que vivimos nuestras vidas. El temor de Dios es honrarlo, someternos a Su disciplina, adorarlo con admiración y amor. Él nos hizo y no nosotros a nosotros mismos. Salmos 100:3a

Dios le ha dado al hombre capacidades y talentos que lo hacen superior a cualquier otra criatura de la creación. El hombre crea, descubre verdades, conquista; pero también destruye, encubre verdades y esclaviza. Nuestra visión de la realidad está empañada por el pecado, así que vivimos a tan solo un paso de escoger lo que nos destruye aun cuando nos parece algo que nos dará vida.

PROVERBIOS 14:12

HAY CAMINO QUE AL HOMBRE LE PARECE DERECHO; PERO SU FIN ES CAMINO DE MUERTE.

En nuestras mentes finitas somos incapaces de ver el futuro y el corazón de otros. Muchas veces ni siquiera conocemos el propio. Necesitamos Su guía y dirección porque separados de Él nada podemos hacer.

Si has dedicado tu vida a estudiar al hombre, te invito a que inviertas tiempo conociendo a Dios.

La creación esta imposibilitada de conocerse a si misma a menos que conozca al creador. El Creador es quien define a la creación y no la creación a si misma.

No hay nada de malo en estudiar y alcanzar grandes metas académicas, pero si crees saber mucho y no conoces a Dios realmente no sabes nada.

Ningún conocimiento humano o título puede darte valor; ciertamente puede que consigas un mejor empleo, pero eso es algo efímero que pasará y dejará tu alma tan vacía y ávida de amor como antes de esa conquista.

Todos los días se hacen descubrimientos científicos y el hombre agrega cosas nuevas a sus teorías o las cambia. Lo que para los científicos o filósofos del pasado parecía ser la verdad, hoy puede ser una gran mentira. Lo que para los científicos o filósofos de hoy parece ser la verdad, mañana puede ser una gran mentira. No es así con la palabra de Dios, ella es verdad y permanece para siempre.

SALMOS 119:160

TODAS TUS PALABRAS SE BASAN EN LA VERDAD; TODAS ELLAS SON JUSTAS Y PERMANECEN PARA SIEMPRE.

ISAÍAS 40:8 (TLA)

...LA PALABRA DE DIOS PERMANECE PARA SIEMPRE.

Dios es el mismo ayer, hoy y siempre. Él no cambia, no varía. El Rey Salomón nos describe esta verdad de la siguiente manera:

ECLESIASTÉS 3:13-15 (TLA)

MIENTRAS TENGAMOS VIDA, HAGAMOS LO BUENO Y PASÉMOSLA BIEN. EL COMER Y EL BEBER, Y EL DISFRUTAR DEL FRUTO DE TANTO TRABAJO, ES ALGO QUE DIOS NOS PERMITE. ESO LO SÉ MUY BIEN, COMO SÉ TAMBIÉN QUE TODO LO QUE DIOS HA HECHO PERMANECERÁ PARA SIEMPRE; A SU CREACIÓN NO HAY NADA QUE AGREGARLE NI NADA QUE QUITARLE; DIOS LO HIZO TODO ASÍ PARA QUE RECONOZCAMOS SU PODER.

Nuestro consejo para ti es: Se humilde y déjate enseñar. No te creas sabio en tu propia opinión abre tu corazón a La Verdad y ella te liberará y te hará verdaderamente sabio.

PROVERBIOS 19:20 (TLA)

EL QUE OYE CONSEJO Y ACEPTA QUE LO CORRIJAN ACABARÁ SIENDO SABIO.

La sabiduría humana está contaminada con el pecado que mora en el hombre. En nuestra dimensión finita hay cosas que parecen verdades, pero al final son solo mentiras que si las creemos destruirán nuestra alma, nuestro cuerpo y nuestro espíritu.

1 CORINTIOS 3:18-20

NADIE SE ENGAÑE A SÍ MISMO; SI ALGUNO ENTRE VOSOTROS SE CREE SABIO EN ESTE SIGLO, HÁGASE IGNORANTE, PARA QUE LLEGUE A SER SABIO. PORQUE LA SABIDURÍA DE ESTE MUNDO ES INSENSATEZ PARA CON DIOS; PUES ESCRITO ESTÁ: ÉL PRENDE A LOS SABIOS EN LA ASTUCIA DE ELLOS. Y OTRA VEZ: EL SEÑOR CONOCE LOS PENSAMIENTOS DE LOS SABIOS, QUE SON VANOS.

Dios no solo te creó y te ama, sino que es en sí mismo el amor.

1 JUAN 4:8

EL QUE NO AMA, NO HA CONOCIDO A DIOS; PORQUE DIOS ES AMOR.

Dios es el único que puede llenar el vacío de amor en nuestros corazones. Conocerlo a Él no solo nos permite conocernos a nosotros mismos; sino que también nos capacita para amarnos sanamente y amar a otros.

¿De qué vale tu capacidad intelectual o los títulos colgados en la pared cuando tus relaciones interpersonales están destruidas, cuando tu corazón está sangrando y tu vida rota? ¿Anhelas sanidad y restauración? Aférrate a Dios y se humilde para dejarte enseñar por Él.

1 CORINTIOS 8:1B

EL CONOCIMIENTO ENVANECE, PERO EL AMOR EDIFICA.

Examen del Corazón

¿Qué conocimiento predomina en ti: el conocimiento humano o La Verdad?

¿Tu preparación académica te lleva en ocasiones a ser arrogante, orgulloso o autosuficiente?

¿Puede alguien finito por si solo llegar a la plenitud del entendimiento de lo infinito?

¿Has invertido años de tu vida en adquirir conocimiento y has descuidado por ello a quienes más amas?

Pídele perdón a Dios por no haber invertido más tiempo en la verdad y por aquellas relaciones importantes que sacrificaste por alimentar tu intelecto mientras descuidabas tu alma y espíritu.

Recibe su perdón y pídele ayuda para comenzar a usar tu tiempo de manera sabia, para que puedas reconstruir con Su ayuda las relaciones que descuidaste. Recuerda, conocer La Verdad te hace libre para que puedas ser todo lo que Dios te creó para ser.

Pide perdón a aquellas personas que abandonaste física, emocional y espiritualmente mientras buscabas gloria en el conocimiento humano.

Apóyate en la sección dedicada al perdón en el capítulo anterior para hacer esto.

3- Las emociones

JEREMÍAS 17:9-10

ENGAÑOSO ES EL CORAZÓN MÁS QUE TODAS LAS COSAS, Y PERVERSO; ¿QUIÉN LO CONOCERÁ? YO JEHOVÁ, QUE ESCUDRIÑO LA MENTE, QUE PRUEBO EL CORAZÓN, PARA DAR A CADA UNO SEGÚN SU CAMINO, SEGÚN EL FRUTO DE SUS OBRAS.

Un cristiano maduro no está llamado a vivir por emociones sino por convicciones.

Mientras tu corazón permanezca lleno de heridas y mentiras, te será imposible confiar en tus emociones. De un corazón que sangra saldrán pensamientos enfermos, contaminados y palabras erradas e hirientes que no edificarán a otros, ni tampoco a ti mismo.

MARCOS 7:21-22

PORQUE DE DENTRO, DEL CORAZÓN DE LOS HOMBRES, SALEN LOS MALOS PENSAMIENTOS, LOS ADULTERIOS, LAS FORNICACIONES, LOS HOMICIDIOS, LOS HURTOS, LAS AVARICIAS, LAS MALDADES, EL ENGAÑO, LA LASCIVIA, LA ENVIDIA, LA MALEDICENCIA, LA SOBERBIA, LA INSENSATEZ

LUCAS 6:45

EL HOMBRE BUENO, DEL BUEN TESORO DE SU CORAZÓN SACA LO BUENO; Y EL HOMBRE MALO, DEL MAL TESORO DE SU CORAZÓN SACA LO MALO; PORQUE DE LA ABUNDANCIA DEL CORAZÓN HABLA LA BOCA.

Si en tu corazón hay mentiras, odio, egoísmo, resentimiento, amargura, deseos de venganza, juicios, culpa, dolor, ingratitud, rechazo, orgullo, arrogancia, ira, intolerancia..., necesitas con urgencia un nuevo corazón. Tus emociones te engañarán todo el tiempo y te impedirán vivir en la verdad.

Como les compartimos en el capítulo anterior, Dios ha prometido darnos un nuevo corazón. (Ezequiel 11:19) A este proceso de cambio del corazón es a lo que llamamos sanidad interior o regeneración del alma. Necesitas entregar el viejo corazón a Jesús con todas las cargas y suciedad que hay en él para que Él te de uno nuevo.

Renunciar a todo lo que te contamina y permitirle a Dios que te limpie y sane es una decisión que no sólo cambiará tu corazón y por ende tus pensamientos y tus palabras, sino cambiará tu vida. Recuerda lo que aprendiste en el capítulo anterior en la sección del perdón: "Sobre toda cosa guardada, guarda tu corazón; porque de él mana la vida."

Jesús nos dice en Mateo 15:13: "Toda planta que no plantó mi Padre celestial, será desarraigada."

Dios quiere arrancar de tu corazón todo árbol que da malos frutos. Permite que su mano amorosa penetre y desarraigue todo aquello que te aleja de La Verdad y te impide permanecer en ella.

Examen del Corazón

¿Cuáles de las emociones negativas mencionadas anteriormente están contaminando tu corazón?

Pídele a Dios que te muestre las raíces que generan esas emociones negativas en ti. Arrepiéntete por haber permitido que tu corazón se contaminara y pide perdón a Dios por cada una de las emociones negativas que Él te revele que están en tu alma. Permite que Él las arranque de raíz.

Recibe Su perdón y con él perdona a aquellos que te hirieron en el pasado y que sembraron las semillas que han estado produciendo estos malos frutos. Perdónate también a ti mismo/a por no haber cuidado tu corazón. Quizás tú también eres responsable de estos malos frutos por exponerte a las mentiras del mundo, usar tu boca para maldecirte o maldecir a otros y desechar la verdad de Dios.

4- La Biblia (totalmente confiable).

JOSUÉ 1:8

NUNCA SE APARTARÁ DE TU BOCA ESTE LIBRO DE LA LEY, SINO QUE DE DÍA Y DE NOCHE MEDITARÁS EN ÉL, PARA QUE GUARDES Y HAGAS CONFORME A TODO LO QUE EN ÉL ESTÁ ESCRITO; PORQUE ENTONCES HARÁS PROSPERAR TU CAMINO, Y TODO TE SALDRÁ BIEN.

2 TIMOTEO 3:16-17

TODA LA ESCRITURA ES INSPIRADA POR DIOS, Y ÚTIL PARA ENSEÑAR, PARA REDARGÜIR, PARA CORREGIR, PARA INSTRUIR EN JUSTICIA, A FIN DE QUE EL HOMBRE DE DIOS SEA PERFECTO, ENTERAMENTE PREPARADO PARA TODA BUENA OBRA.

No habrá perfeccionamiento en nosotros si desconocemos la palabra de Dios. El mundo está en total destrucción porque ha escogido ignorar La Verdad. Nos alejamos de Dios, de su instrucción, rechazamos su corrección y después lo culpamos por las consecuencias de nuestros propios actos.

Nuestra sociedad está minada de mentiras que hemos creído y que determinan nuestro comportamiento. Lo que sabemos está en nuestra mente; lo que creemos está en nuestro corazón y ya hemos aprendido que es del corazón que salen todas las cosas que pensamos y hacemos.

Por diseño de Dios los seres humanos pensamos, sentimos y actuamos. Así que nuestros pensamientos que salen del corazón tienen un rol definitorio en nuestras vidas. Mira las siguientes recomendaciones de Mahatma Gandhi:

"Cuida tus pensamientos, porque se convertirán en tus palabras. Cuida tus palabras, porque se convertirán en tus actos. Cuida tus actos, porque se convertirán en tus hábitos. Cuida tus hábitos, porque se convertirán en tu destino."

Gandhi no se llamó a si mismo cristiano, pero escogió de muchas maneras vivir como tal. Definitivamente nuestras acciones muestran si realmente creemos en la palabra que predicamos. Nuestras acciones no nos salvan, pero si revelarán lo que hay en nuestro corazón.

Necesitamos sustituir creencias del mundo por creencias que honren a Dios. Necesitamos dejar que Su palabra haga rema en nuestros corazones y nos redarguya, corrija e instruya en justicia. Necesitamos dejar que Su Espíritu Santo nos guie como mencionamos en el capítulo uno.

Solo de esa manera podremos crecer y madurar para dejar de ser blancos fáciles del padre de la mentira y de todo aquel que le sirve.

EFESIOS 4:14-15

PARA QUE YA NO SEAMOS NIÑOS FLUCTUANTES, LLEVADOS POR DOQUIERA DE TODO VIENTO DE DOCTRINA, POR ESTRATAGEMA DE HOMBRES QUE PARA ENGAÑAR EMPLEAN CON ASTUCIA LAS ARTIMAÑAS DEL ERROR, SINO QUE, SIGUIENDO LA VERDAD EN AMOR, CREZCAMOS EN TODO EN AQUEL QUE ES LA CABEZA, ESTO ES, CRISTO.

Hay gran gozo y libertad cuando se camina en la verdad. Cuando se cree y se permanece en ella.

SALMO 32:2

BIENAVENTURADO EL HOMBRE A QUIEN JEHOVÁ NO CULPA DE INIQUIDAD, Y EN CUYO ESPÍRITU NO HAY ENGAÑO.

Si te sientes estancado en la vida, es posible que inconscientemente tengas creencias limitantes que te están controlando. Aunque conscientemente quieres lograr la felicidad, inconscientemente te estás auto- saboteando.

Debes sanar el pasado, para poder tomar en el presente decisiones que te permitan disfrutar el futuro. Solo podrás hacerlo con la ayuda de Dios. Esas nuevas decisiones saldrán de tu corazón. Permite que Dios lo sane, lo restaure y lo haga nuevo hoy. Deja que el Señor siembre en ti, a través de su Espíritu Santo, semillas de verdad que darán frutos de vida en abundancia.

GÁLATAS 5:22-23

MAS EL FRUTO DEL ESPÍRITU ES AMOR, GOZO, PAZ, PACIENCIA, BENIGNIDAD, BONDAD, FE, MANSEDUMBRE, TEMPLANZA; CONTRA TALES COSAS NO HAY LEY.

A continuación, citamos algunas falsas creencias que pudieran estar limitando o contaminando tu vida y tus relaciones. **Compáralas con La VERDAD**.

Falsas Creencias vs Palabra de Dios	
Soy un fracaso.	**1 Pedro 2:9** Mas vosotros sois linaje escogido, real sacerdocio, nación santa, pueblo adquirido por Dios, para que anunciéis las virtudes de aquel que os llamó de las tinieblas a su luz admirable.
Nunca voy a vencer mis temores	**1 Juan 4:18** En el amor no hay temor, sino que el perfecto amor echa fuera el temor; porque el temor lleva en sí castigo. De donde el que teme, no ha sido perfeccionado en el amor.
No puedo ser un buen padre, un buen esposo; no puedo superar mi adicción...	**Filipenses 4:13** Todo lo puedo en Cristo que me fortalece
Yo soy cobarde	**2 Timoteo 1:7** Porque no nos ha dado Dios espíritu de cobardía, sino de poder, de amor y de dominio propio.
Mejor que yo no hay nadie. ¡Soy lo máximo! Primero yo y después yo...	**Filipenses 2:3-4** Nada hagáis por contienda o por vanagloria; antes bien con humildad, estimando cada uno a los demás como superiores a él mismo; no mirando cada uno por lo suyo propio, sino cada cual también por lo de los otros.
Lo que hice es imperdonable	**1 Juan 1:9** Si confesamos nuestros pecados, él es fiel y justo para perdonar nuestros pecados, y limpiarnos de toda maldad.
Dios no me ama.	**Juan 3:16** Porque de tal manera amó Dios al mundo, que ha dado a su Hijo unigénito, para que todo aquel que en él cree, no se pierda, mas tenga vida eterna.

Hay gran libertad cuando reconocemos la verdad de que estamos engañados, heridos y enfermos, que no tenemos la capacidad de reparar nuestras vidas hechas trizas. Si bien, cada ser humano tiene una historia única, todos tenemos una enfermedad común: somos seres pecadores con heridas profundas. Todos necesitamos a Dios.

Abriendo mi Corazón (Andrés)

Cada día de mi vida es una pelea de la verdad contra la mentira. La Verdad me desarma, me da aliento, me da esperanza, me confronta, me consuela, pero sobre todo me enseña que sin ella estoy perdido. Después de haber aceptado a Jesús como mi Salvador, empezó el proceso de limpieza en mi corazón, confieso que ha sido muy doloroso saber que estaba tan sucio y cuanto daño me hice y le hice a personas que supuestamente amaba. ¡Amar, eso es muy grande! La Verdad te hace ver quien realmente eres. Entendí que mis creencias determinaban mi conducta y mi conducta dejaba mucho que desear.

Conocer La Verdad, me hace vivir mi realidad, me hace ver mis temores, mis inseguridades, las fortalezas que he construido a mi alrededor para protegerme no de personas, ni del que dirán, sino para protegerme de ver lo que he sido y muchas veces aún soy: un ser orgulloso y egoísta. ¿Cómo puedo decir que amo a alguien cuando sólo pienso en mí?

Conocer La Verdad me ha hecho libre, porque descubrí quien es verdaderamente mi peor enemigo. Es la Verdad en mi corazón la que me hace responsable diariamente de mis acciones y me hace ver el daño que me ha hecho estar separado de Dios. No tengo justificación para mis faltas porque la palabra nos enseña que separados de Él nada podemos hacer. ¡Nada es nada! Así que cuando fallo es porque ignoro mi necesidad de Dios y hago las cosas en mi propia prudencia. No puede haber sanidad, no puede haber libertad sino vivimos en La Verdad.

> **JEREMÍAS 17:7-8**
>
> *BENDITO EL HOMBRE QUE CONFÍA EN EL SEÑOR, Y PONE SU CONFIANZA EN ÉL. SERÁ COMO UN ÁRBOL PLANTADO JUNTO AL AGUA, QUE EXTIENDE SUS RAÍCES HACIA LA CORRIENTE; NO TEME QUE LLEGUE EL CALOR, Y SUS HOJAS ESTÁN SIEMPRE VERDES. EN ÉPOCA DE SEQUÍA NO SE ANGUSTIA, Y NUNCA DEJA DE DAR FRUTO.*

Examen del Corazón

Toma unos minutos y piensa en todas las falsas creencias que te están impidiendo hacer cambios significativos en tu vida.

Si eres como la mayoría de la gente es posible que confundas tus creencias basadas en tus experiencias con La Verdad. Se humilde y pregúntale a Dios. Pídele que evalúe cada una de tus creencias y te muestre La Verdad.

ORACIÓN

Padre, Gracias por tu amor, gracias por el sacrificio de tu hijo en la cruz porque a través de Él tenemos esperanza. Gracias por tu Espíritu Santo que vive en mí y que me guía a toda verdad.

Perdóname por ser necio por creer que sé más que Tú, que puedo solo; perdóname por creer las mentiras del mundo y Satanás y en muchos momentos desechar Tu palabra y Tus promesas.

Hoy quiero pedirte que me ayudes a cambiar las falsas creencias que aún permanecen en mí. Señor, revélame cuáles son esas creencias que me impiden conocerte, que impiden que tenga un hogar feliz, que me impiden hacer tu voluntad y entregarte mi vida en su totalidad. Quiero que tu palabra se haga rema en mi corazón y que pueda vivir mi vida en verdad. Quiero que tu amor eche fuera todo temor de mi alma. Padre haz de mi un/a hombre/mujer humilde que te obedezca con todo el corazón. Te lo pido en el nombre de Jesús. AMÉN

Vínculos establecidos por La Verdad (Jesús)

Fuimos creados por Dios con la necesidad de tener relación íntima con Él y con nuestros semejantes de acuerdo a su diseño relacional para la humanidad.

Principales Vínculos Relacionales:

1. Dios ↔ Ser humano
2. Hijos ↔ Padres
3. Hermanos
4. Amigos
5. Esposo ↔ Esposa
6. Pastor ↔ Ovejas
7. Siervo ↔ Señor

Definitivamente como seres sociales que somos, el hombre necesita relaciones íntimas para poder madurar y ser todo aquello que Dios lo creó para ser. En el capítulo anterior vimos a Jesús como modelo de hijo y aprendimos que para ser como Él necesitábamos enfocarnos en lo que Él se enfocaba. Necesitábamos conocer al Padre.

Tener una relación íntima con nuestro Padre Celestial debe ser la motivación y el fin de todo cristiano. Es el Padre nuestro destino final a donde nos lleva El CAMINO y es lo que nos enseña la VERDAD. Solo en una relación íntima con Él podremos vivir en abundancia.

Cuando mencionamos anteriormente nuestra necesidad de conocer a Dios realmente hablamos del verbo intimar. En griego el verbo usado en el versículo de 1 Juan 4:8 que se traduce como conocer es el mismo verbo que se usa para hablar de la relación íntima que ocurrió entre José y María después del nacimiento de Jesús, cuando finalmente fue consumado su matrimonio.

No aprenderemos a amar sin conocer íntimamente a Dios.

¿Qué es intimar?

1. Establecer Amistad muy estrecha (profunda)
2. Compartir mi vida privada con alguien (eventos) *Transparencia (No secretos: compartir pasado, presente y tener planes futuros en común)
3. Relacionarse a nivel de emociones. Compartir mis sentimientos más profundos.
4. Amar. Tomar la decisión de permanecer amando a alguien a pesar de las circunstancias, a pesar de mis emociones, a pesar de las actitudes de la persona a quien amo. (Esto no es permitir abusos, ni faltas de respeto. Eso sería codependencia, no amor)

Dios Padre anhela tener una relación íntima contigo, así como la que tiene con Jesús. A través de Él, LA VERDAD, esa relación se hace posible porque Cristo, EL CAMINO, nos da acceso al Padre.

Son las palabras de Dios habladas a nuestro corazón las que nos nutren. Ellas son el alimento espiritual que hemos necesitado para crecer íntegros y que hemos ignorado por años de nuestras vidas.

Para que puedas desarrollar una relación íntima con Dios, necesitaras dedicarle tiempo a su palabra. Necesitaras disponerte a escuchar su voz y a obedecerla. Necesitaras abrirle tu corazón y confesarle todos tus secretos y emociones. Si, es cierto que Él ya sabe todo de ti, pero quiere que seas humilde y le cuentes, le confieses, le pidas ayuda, le preguntes, te dejes enseñar y guiar... Dios quiere ser tu Papá y que tú seas su hijo/a. Dios no está interesado en el título de Padre, sino en el rol que implica serlo.

Una y otra vez, Jesús buscaba pasar tiempos a solas con su Padre Celestial y usualmente lo hacía muy temprano en las mañanas.

Mencionamos anteriormente en este capítulo la importancia de las escrituras y tratamos en el capítulo anterior la necesidad que tiene el ser humano de escuchar la voz de Dios. (Mateo 4:4)

Queremos recalcar que nada sustituye el escuchar la voz de Dios. Puedes ver predicas de hombres muy famosos, leer libros con grandes testimonios y enseñanzas, ir los domingos a la iglesia y escuchar las enseñanzas bíblicas de tu pastor, pero eso no hará que tengas una relación íntima con Dios. Tampoco este libro hará que tengas una relación íntima con Dios a menos que decidas poner en práctica lo que aquí se te sugiere y comiences a tener tiempos a solas con Dios. En el próximo capítulo comprenderás mejor tu necesitad de atender a la voz de Dios.

Examen del Corazón

Basándote en la definición de intimar:

¿Tienes una relación íntima con Dios?

¿Tienes personas en tu vida con quien te relacionas íntimamente?

¿Tienes personas en tu vida que se relacionan contigo íntimamente?

Jesús como modelo de hermano

Durante su ministerio, Jesús no solo nos modeló al hijo sino también al hermano. Mientras aprendes La VERDAD necesitaras aprender a ser hermano y evaluarás guiado por el Espíritu Santo tus relaciones con tus hermanos de sangre y con tus hermanos en Cristo.

La biblia está llena de historias sobre hermanos: Caín y Abel, Esaú y Jacob, José y sus hermanos mayores entre muchas otras. En la mayoría de ellas el pecado se enseñorea del vínculo de hermandad y esto resulta en relaciones basadas en temor donde predominan el rechazo, la envidia, los celos, el odio, las contiendas, el engaño e incluso la muerte.

Gracias a Jesús ese no tiene que ser nuestro caso, ese no debiera ser nuestro caso porque en Jesús nuestros vínculos de hermandad deberían estar fundados en el amor. (Revisa 1 Corintios 13:4-8 como contrapartida a las reacciones antes mencionadas) Es la obediencia a nuestro Padre Celestial la que hará de nosotros hermanos como Jesús. (Mateo 12:50)

Es hermoso ver a Jesús como nuestro hermano. Un hermano muy diferente de los que describe la parábola del hijo prodigo y muy superior a cualquier otro modelo de hermano que aparece en la Biblia.

Jesús es el hermano que:

- Nos motiva al perdón y a la reconciliación (Mateo 5:23-24)
- No nos juzga, ni condena (Juan 8:11)
- Nos defiende como abogado delante del Padre (1 Juan 1:2)
- Es manso y humilde (Mateo 11:29)
- Es obediente a nuestro Padre y nos anima a imitar su ejemplo. (Filipenses 2:8)
- Llevó sobre sí nuestros pecados y nos da la sanidad. (1 Pedro 2:24)

Tristemente escasea la hermandad genuina entre quienes se llaman a sí mismos miembros del cuerpo de Cristo. En vez de motivar al perdón y a la reconciliación muchas veces se motiva a la división y al rechazo. Se juzga y se condena, olvidando que Dios está sentado en el trono de la gracia y que la misericordia triunfa sobre el juicio. Se acusan los hermanos unos a los otros sin darse cuenta que se convierten en aliados del Diablo cuando hacen esto. La soberbia, la arrogancia y el orgullo desconocen la preeminencia del amor y cierran el paso al perdón. La ignorancia lleva al hombre a obedecer al hombre por sobre a Dios. Pocos están dispuestos a sobre llevar las cargas de otros y la mayoría están demasiado ocupados con su ego y su egoísmo para hacer el trabajo del buen samaritano. (Lucas 10:30-37)

Hay mucho que hemos aprendido de este tema con gran tristeza y profundo dolor en nuestros corazones. Hay mucho que aún necesitamos aprender y no creemos en absoluto haber alcanzado un nivel de espiritualidad que nos haga sabios o entendidos en las relaciones entre hermanos o en cualquier otro asunto bíblico. Sin embargo, podemos decir, con gratitud hacia Dios y dándole a Él toda la gloria, que nos hemos esforzado y seguimos esforzándonos por escoger el amor sobre todo y sobre todos. Creemos que Jesús vino a rescatar lo que se había perdido y entre esos estamos nosotros y el resto de la humanidad.

Así que si tu hermano peca contra ti, te animamos a poner en práctica lo que Jesús nos enseña:

> **MATEO 18:15-17**
>
> *POR TANTO, SI TU HERMANO PECA CONTRA TI, VE Y REPRÉNDELE ESTANDO TÚ Y ÉL SOLOS; SI TE OYERE, HAS GANADO A TU HERMANO. MAS SI NO TE OYERE, TOMA AÚN CONTIGO A UNO O DOS, PARA QUE EN BOCA DE DOS O TRES TESTIGOS CONSTE TODA PALABRA. SI NO LOS OYERE A ELLOS, DILO A LA IGLESIA; Y SI NO OYERE A LA IGLESIA, TENLE POR GENTIL Y PUBLICANO.*

Ahora bien, recuerda que Jesús también murió por los gentiles y los publicanos; así que esto no quiere decir que deseches a esa persona que creías tu hermano, más bien si ahora por su conducta te das cuenta de que no ha confiado realmente en Jesús, entonces motívate a ganar su alma para Cristo. Ten misericordia de él y clama a Dios por su vida. Rechaza su pecado, pero no al pecador. Déjale saber que no apruebas lo que hace, pero amalo y modélale a Jesús. NO te creas superior a esa persona porque el que piensa estar firme, mire que no caiga. (1 Corintios 10:12)

Solo Dios ve el corazón y solo Él puede saber lo que pasa en el corazón del hombre. Hagamos nuestra parte modelando Su amor y Él hará el juicio en Su momento. Dejemos que sea el Espíritu Santo quien nos guíe y no nuestro pecado de idolatría al querer sentarnos en el trono de Dios.

Muchas veces nos hemos preguntado como hubiéramos reaccionado ante Saulo[13], que

---

[13] Nombre original del aposto Pablo antes de que Dios cambiara su nombre y lo llamara a seguirlo y a servirle.

hubiéramos visto al tenerlo delante o que hubiéramos pensado de él. Ciertamente Dios veía a Pablo aun cuando el ojo humano no lo podía ver.

También nos hemos preguntado respecto al pecado de David. David fue puesto en el trono que le fue quitado a Saul y tenía una relación con Dios profunda y hermosa.

> **HECHOS 13:22**
>
> *QUITADO ÉSTE, LES LEVANTÓ POR REY A DAVID, DE QUIEN DIO TAMBIÉN TESTIMONIO DICIENDO: HE HALLADO A DAVID HIJO DE ISAÍ, VARÓN CONFORME A MI CORAZÓN, QUIEN HARÁ TODO LO QUE YO QUIERO.*

Indisputablemente, David hizo todo lo que Dios le ordenó que hiciera, pero también hizo cosas que Dios nunca le dijo que hiciera como adulterar, mentir, ordenar el asesinato de un oficial de su ejército, ser duro juzgando el pecado de otros y no ver el suyo propio...

Aun así, Dios lo describe como un varón conforme a Su corazón y creemos que la clave está en que reaccionaba con humildad, quebrantamiento y arrepentimiento genuino al ser confrontado por sus pecados. Cuando la VERDAD era puesta delante de él, no se justificaba o levantaba fortalezas de soberbia y orgullo. Por el contrario, lloraba y clamaba a Dios por perdón. Se humillaba ante la grandeza de Dios y su infinito poder.

También hay otra gran enseñanza que hemos asimilado de este gran rey. David nunca levantó su espada contra Saul aun después de saber que Dios lo había escogido a él para ser rey y había desechado a Saúl.

Varias veces pudo matar a Saúl que lo perseguía para matarlo a él; sin embargo, David siempre le perdonó la vida y decía:

> **1 SAMUEL 26:11**
>
> *GUÁRDEME, JEHOVÁ DE EXTENDER MI MANO CONTRA EL UNGIDO DE JEHOVÁ.*

Sabemos que el ungido de Jehová ya no era Saul, sino David y por supuesto él también lo sabía; sin embargo, David nunca levantó su espada contra aquel que en un tiempo había sido usado por Dios y ungido por Él.

Creemos que no es sabio levantar nuestras espadas (palabras) contra hombres y mujeres que han sido usados por Dios, aunque en algún momento podamos creer o pensar que la unción ya no está sobre ellos. Esto no quiere decir que neguemos realidades que son visibles, ni que seamos tibios ante el pecado, sino que seamos hombres y mujeres espirituales y no carnales a la hora de ver los errores de otros y juzgarlos. (1 Corintios 2:15) El hombre espiritual teme a Dios y es movido por el amor, la verdad y la misericordia; el hombre carnal es imprudente de labios, altivo y soberbio olvidando que en la ira del hombre no obra la justicia de Dios.

Mencionamos anteriormente varios ejemplos bíblicos de relaciones entre hermanos y en todos los casos citados la envidia jugó un papel crucial contra hombres que hallaron gracia y favor delante de Dios. David también vivió lo mismo con su hermano mayor Eliab (1Samuel 17:1-51). Cuídate de no ser como este hermano mayor. Él no pudo ver a su hermano como lo veía Dios. Si David hubiera escuchado su voz, nunca hubiera derrotado a Goliat. Recuerda pueden ser tus hermanos a quienes el enemigo use para desanimarte, pero también puedes ser tú a quien el enemigo use para desanimar a tus hermanos.

La envidia tiene doble poder. No solo destruye a quien la siente, sino que también afecta a aquellos que son objeto de ella.

> **PROVERBIOS 14:30**
>
> *EL CORAZÓN APACIBLE ES VIDA DE LA CARNE; MAS LA ENVIDIA ES CARCOMA DE LOS HUESOS.*
>
> **PROVERBIOS 27:4**
>
> *CRUEL ES LA IRA, E IMPETUOSO EL FUROR; MAS ¿QUIÉN PODRÁ SOSTENERSE DELANTE DE LA ENVIDIA?*
>
> **ECLESIASTÉS 4:4**
>
> *HE VISTO ASIMISMO QUE TODO TRABAJO Y TODA EXCELENCIA DE OBRAS DESPIERTA LA ENVIDIA DEL HOMBRE CONTRA SU PRÓJIMO.*

Si hay envidia en tu corazón, arrepiéntete y pídele perdón a Dios por esto. La envidia tiene su raíz en una percepción errónea de quien es Dios y de quién eres en Él. Recuerda que Dios no hace acepción de personas (Romanos 2:11). Clama a Dios con todo tu corazón para que Él te limpie. Deja de hablar mal de quienes has sentido envidia y comienza a orar bendiciones sobre ellos. Dios también tiene muchas bendiciones para ti. Quizás has estado tan entretenido en las de otros que no has podido ver las propias.

Si sientes que hay personas a tu alrededor que te tienen envidia, pasa tiempo con Dios y deja que Su Espíritu te aclare o confirme esa sospecha. Cuando hemos sido envidiosos tenderemos a pensar que todo el mundo nos envidia.

Es algo así como ese famoso dicho que dice: "El ladrón juzga por su condición"

Si ese es el caso, eres tú quien está enfermo y necesitas sanar y ser libre para que puedas ver a otros con objetividad y verdad.

Y por último, si Dios te confirma que hay hermanos o personas en general que te envidian a tu alrededor, pon limites saludables para proteger a tu familia y a ti mismo. Dios nos manda a ser inocentes como palomas, pero prudentes como serpientes.

Esfuérzate por ayudar a tus hermanos a crecer mientras tú también creces; pero recuerda que cada uno es responsable de sus propios actos y no puedes ayudar a quienes no desean ser ayudados porque entonces caes en la codependencia y esto no es sano para ti, ni para aquellos a quien deseas ayudar. Ora por estas personas que Dios te ha mostrado que están enfermas de envidia, pero no te expongas más de lo que Dios te muestre que sea prudente. Deja que Dios sea Dios en tu vida y en la de quienes amas.

Examen del Corazón

¿Estás dispuesto al perdón y a la reconciliación con tus hermanos?

¿Estás dispuesto a reconocer tus faltas contra tus hermanos y a pedirles perdón por ello?

¿Motivas a otros al perdón y a la reconciliación con sus hermanos?

¿Dejas que sea Dios quien juzgue y quien condene?

¿Recuerdas que el amor cubre multitud de faltas en vez de exponerlas cuando hablas de tus hermanos?

¿Eres obediente al Padre en la manera en que resuelves tus conflictos con tus hermanos?

¿Dispones tu corazón a ayudar a tus hermanos en necesidad?

¿Antes de creer que tienes la razón ante una diferencia con un hermano, te tomas el tiempo para con humildad estimarlo como superior a ti mismo?

Cuándo un hermano te habla de lo que anhela hacer para Dios, ¿lo animas a creer o lo desanimas creyendo que no tiene lo necesario para lograrlo?

¿Oras por tus hermanos como te gustaría que ellos oraran por ti?

Abriendo Nuestros Corazones

Recientemente escuchamos un comentario que nos dejos muy tristes, pero al mismo tiempo abrió nuestros ojos a una gran realidad. Alguien nos dijo: "Ningún otro ejército en el mundo abandona a sus heridos en el campo de batalla, solo se ve eso entre los cristianos."

Desgraciadamente a veces somos muy rápidos para juzgar y muy lentos para perdonar o tender una mano a nuestros hermanos en batallas.

Todos tenemos luchas contra el pecado que mora en nosotros. Algunos caen en pecados muy condenados por la sociedad y otros en pecados muy populares y "aceptados", pero para Dios el pecado es pecado y Él lo odia porque trae muerte a quienes ama. Brindar ayuda, consuelo y esperanza a aquellos que luchan contra el pecado es ser más como Jesús. Nuestra responsabilidad es amar, perdonar y ayudar a quienes se extravían del camino a regresar a Cristo. Recuerda que para corregir el pecado la fórmula es misericordia y verdad.

> **SANTIAGO 5:20**
>
> *SEPA QUE EL QUE HAGA VOLVER AL PECADOR DEL ERROR DE SU CAMINO, SALVARÁ DE MUERTE UN ALMA, Y CUBRIRÁ MULTITUD DE PECADOS.*

Jesús como modelo de amigo

¿Qué es amistad?

Amistad es afecto personal y puro. Relación de confianza y afecto desinteresado entre personas.

Examen del Corazón

¿Hay alguna persona en tu vida por quien sientes afecto puro al relacionarte con ella desinteresadamente?

Si tu respuesta es sí, entonces...

Eres amigo a alguien.

> **PROVERBIOS 17:17**
>
> *EN TODO TIEMPO AMA EL AMIGO, Y ES COMO UN HERMANO EN TIEMPO DE ANGUSTIA*
>
> **PROVERBIOS 18:24**
>
> *EL HOMBRE QUE TIENE AMIGOS HA DE MOSTRARSE AMIGO; Y AMIGO HAY MÁS UNIDO QUE UN HERMANO.*

Examen del Corazón

¿Tienes alguna persona en tu vida que siente afecto puro por ti y se relaciona contigo desinteresadamente?

Si tu respuesta es sí, entonces...

Tienes amigo.

La amistad tiene dos características básicas que la definen:

1 - Compromiso

> **JUAN 15:13**
>
> *NADIE TIENE MAYOR AMOR QUE ESTE, QUE UNO PONGA SU VIDA POR SUS AMIGOS.*

2 - Transparencia

> **JUAN 15:15**
>
> *YA NO OS LLAMARÉ SIERVOS, PORQUE EL SIERVO NO SABE LO QUE HACE SU SEÑOR; PERO OS HE LLAMADO AMIGOS, PORQUE TODAS LAS COSAS QUE OÍ DE MI PADRE, OS LAS HE DADO A CONOCER.*

Jesús es nuestro modelo de amigo y el mejor amigo que podamos tener. Él nunca nos traicionará, Él siempre querrá celebrar nuestras victorias y consolarnos en nuestras derrotas. Conocerlo como La Verdad no solo nos proveerá de un verdadero amigo sino también nos enseñará a ser y a buscar verdaderos amigos.

Abriendo mi Corazón (Marialina)

En mi experiencia personal tener una amiga es tener un tesoro muy grande y valioso. Muchas mujeres me consideran su amiga y es un gozo para mi serlo. He sido dama de boda siete veces y de ellas seis veces la dama de honor. Mis amigas me llaman en momentos de alegría y también en momentos de necesidad y me place servirlas y estar pendiente de ellas mientras pelean sus batallas. Sin embargo, no todas ellas han estado para mi cuando he sido yo la que ha necesitado apoyo. La madures que tengas va a definir el tipo de amiga/o que serás a otros. Alguien que solo piensa en sus necesidades buscará a sus amigos cuando los necesite, pero los evitará u olvidará cuando son ellos los que necesitan ayuda. Madurar emocional y espiritualmente es lo que nos capacita para poder dejar a un lado nuestro yo y dedicarnos por un tiempo a cuidar de alguien más. No escojas resentirte cuando aquellos que se dicen ser tus amigos no muestran serlo. Escoge perdonar y crecer para ser tú un/a mejor amigo/a. La mejor manera de enseñar a otros a ser amigo es modelarlo. No se necesitan muchos amigos, se necesitan buenos amigos y para encontrarlos necesitas convirtiéndote tú en uno/a. Siempre es más bienaventurado dar que recibir. Siempre dará más, quien tiene más gratitud en su corazón por lo que ha recibido de Dios.

Jesús y su iglesia modelo para el matrimonio

A nosotros (Andrés Y Marialina) nos encanta pensar en el matrimonio como ese estado honroso en que por diseño de Dios un hombre y una mujer pueden llegar al nivel máximo de intimidad posible entre seres humanos.

> **HEBREOS 13:4A**
>
> *HONROSO SEA EN TODOS, EL MATRIMONIO, Y EL LECHO SIN MANCILLA.*

Es el matrimonio donde el esposo y la esposa dejan de ser dos individuos separados el uno del otro para convertirse en UNO. Y debe ser el matrimonio el único vínculo en nuestra vida en el que además de cumplirse los cuatro aspectos que definen el verbo intimar se agrega la intimidad sexual como regalo de Dios para los esposos y camino a la procreación, el milagro de ser instrumentos de Dios para dar vida.

> **MARCOS 10:6-8**
>
> *...AL PRINCIPIO DE LA CREACIÓN, VARÓN Y HEMBRA LOS HIZO DIOS. POR ESTO DEJARÁ EL HOMBRE A SU PADRE Y A SU MADRE, Y SE UNIRÁ A SU MUJER, Y LOS DOS SERÁN UNA SOLA CARNE; ASÍ QUE NO SON YA MÁS DOS, SINO UNO*

Sexo solamente no es intimidad plena. El sexo forma parte de la relación íntima entre esposos, pero no porque haya sexo hay INTIMIDAD plena.

La intimidad plena viene como resultado de la madures emocional y espiritual. Es un producto del proceso de santificación que ocurre en ambos conyugue a través de una relación profunda e íntima con Dios por medio de Jesucristo.

Cuando llegamos al matrimonio con el deseo de que nuestro conyugue nos haga feliz, llegamos con mentalidad de bebé, esperando que nuestras necesidades sean satisfechas y nuestros caprichos cumplidos al pie de le letra, en vez de como adultos estar listos para cuidarnos a nosotros mismos y cuidar a la persona con la que vamos a compartir el resto de nuestra vida.

Este cuidado no se limita a servir a quien amamos y atender sus necesidades físicas. La posibilidad de intimidad plena dependerá de qué tan bien cuides el corazón de la persona a quien amas y el tuyo propio.

Si bien cada ser humano es responsable de cuidar su propio corazón (Proverbios 4:23) en el matrimonio, según el diseño de Dios, ya no son mas dos sino uno por tanto todo lo que afecte el corazón de tu pareja te afectará y viceversa.

Cuando cuidas tu corazón, cuidas también el de tu conyugue. Cuando cuidas el corazón de tu conyugue, estás cuidando también el tuyo. Ya no son dos, sino UNO.

Recordemos que el amor no busca lo suyo y no es egoísta, sino está dispuesto a dar sin esperar nada a cambio.

Dios le entrega tanto al hombre como a la mujer la responsabilidad de cuidarse entre si y Cristo nos modela esta verdad. Él es el modelo de esposo y su iglesia, la esposa fiel y ayuda idónea.

¿Cómo vemos esto en las escrituras?

> **EFESIOS 5:24-26**
>
> *ASÍ QUE, COMO LA IGLESIA ESTÁ SUJETA A CRISTO, ASÍ TAMBIÉN LAS CASADAS LO ESTÉN A SUS MARIDOS EN TODO. MARIDOS, AMAD A VUESTRAS MUJERES, ASÍ COMO CRISTO AMÓ A LA IGLESIA, Y SE ENTREGÓ A SÍ MISMO POR ELLA, PARA SANTIFICARLA, HABIÉNDOLA PURIFICADO EN EL LAVAMIENTO DEL AGUA POR LA PALABRA.*

Cuando enseñamos sobre este pasaje, Mari se para a mi lado y se sujeta de mi brazo. A donde quiera que vayamos, iremos juntos. Mi rol no es superior al de ella, ni el de ella superior al mío. Yo la necesito y ella me necesita. Son roles diferentes, pero igualmente importantes para llevar a cabo el plan de Dios para nuestras vidas y nuestra familia. Recuerda, ya no somos dos sino uno. Ella trae a mi vida algo que yo no tengo y viceversa.

> **GÉNESIS 1:18-24**
>
> *Y DIJO JEHOVÁ DIOS: NO ES BUENO QUE EL HOMBRE ESTÉ SOLO; LE HARÉ AYUDA IDÓNEA PARA ÉL. JEHOVÁ DIOS FORMÓ, PUES, DE LA TIERRA TODA BESTIA DEL CAMPO, Y TODA AVE DE LOS CIELOS, Y LAS TRAJO A ADÁN PARA QUE VIESE CÓMO LAS HABÍA DE LLAMAR; Y TODO LO QUE ADÁN LLAMÓ A LOS ANIMALES VIVIENTES, ESE ES SU NOMBRE. Y PUSO ADÁN NOMBRE A TODA BESTIA Y AVE DE LOS CIELOS Y A TODO GANADO DEL CAMPO; MAS PARA ADÁN NO SE HALLÓ AYUDA IDÓNEA PARA ÉL. ENTONCES JEHOVÁ DIOS HIZO CAER SUEÑO PROFUNDO SOBRE ADÁN, Y MIENTRAS ÉSTE DORMÍA, TOMÓ UNA DE SUS COSTILLAS, Y CERRÓ LA CARNE EN SU LUGAR. Y DE LA COSTILLA QUE JEHOVÁ DIOS TOMÓ DEL HOMBRE, HIZO UNA MUJER, Y LA TRAJO AL HOMBRE. DIJO ENTONCES ADÁN: ESTO ES AHORA HUESO DE MIS HUESOS Y CARNE DE MI CARNE; ÉSTA SERÁ LLAMADA VARONA, PORQUE DEL VARÓN FUE TOMADA. POR TANTO, DEJARÁ EL HOMBRE A SU PADRE Y A SU MADRE, Y SE UNIRÁ A SU MUJER, Y SERÁN UNA SOLA CARNE.*

Dios hizo a Eva de Adán después de concluir que Adán necesitaba ayuda porque no era bueno que el hombre estuviera solo. Antes de esta declaración Bíblica de que algo no era bueno en lo que Dios había creado hay cinco declaraciones de que lo que Dios había creado en cada uno de los días anteriores era bueno. Sin embargo, es claro que al hombre le faltaba algo para estar completo y ese algo es su mujer. El significado original del vocablo que se traduce como "Ayuda idónea" no es "asistente", sino ayuda que proviene de la fuerza de un ejército y que sin ella es muy probable que se perdiera la batalla. Significa complemento, lo que falta para que algo esté completo. Es hasta después que es creada Eva que entonces ocurre la última declaración de Dios a cerca de la creación.

> **GÉNESIS 1:31**
>
> *Y VIO DIOS TODO LO QUE HABÍA HECHO, Y HE AQUÍ QUE ERA BUENO EN GRAN MANERA. Y FUE LA TARDE Y LA MAÑANA EL DÍA SEXTO.*

Conversábamos con una de nuestras hijas recientemente sobre este tema y ella nos dijo algo que nos pareció muy certero al abordar el tópico del matrimonio. Ser la ayuda fue usado para definir en los tiempos antiguos a las personas que trabajaban como esclavas o que servían en las casas de familias adineradas. De hecho, hay una película de Hollywood muy famosa que lleva por nombre The Help (La Ayuda). En ella se cuenta la historia de una mujer de raza negra que trabaja para personas de raza blanca y es rechazada, no valorada y abusada por aquellos a quienes ayuda y sirve con amor.

Sin embargo, es muy importante entender que esa no es la connotación bíblica del rol de ayuda que Dios da a la mujer en la creación. Por el contrario, Dios dice en su palabra:

EFESIOS 5:28-30

ASÍ TAMBIÉN LOS MARIDOS DEBEN AMAR A SUS MUJERES COMO A SUS MISMOS CUERPOS. EL QUE AMA A SU MUJER, A SÍ MISMO SE AMA. PORQUE NADIE ABORRECIÓ JAMÁS A SU PROPIA CARNE, SINO QUE LA SUSTENTA Y LA CUIDA, COMO TAMBIÉN CRISTO A LA IGLESIA, PORQUE SOMOS MIEMBROS DE SU CUERPO, DE SU CARNE Y DE SUS HUESOS.

Esto contrasta totalmente con la manera despiadada y cruel que eran tratados los esclavos o sirvientes en la antigüedad y deja claramente en evidencia que la frase bíblica no tiene nada que ver con la historia relacionada a ella. Aún más, los esclavos o sirvientes eran considerados personas de poco valor. Sin embargo, Dios no hace acepción de personas. Para Él todos tenemos el mismo valor y por todos murió Su Hijo.

1 CORINTIOS 11:10-11

PERO EN EL SEÑOR, NI EL VARÓN ES SIN LA MUJER, NI LA MUJER SIN EL VARÓN; PORQUE ASÍ COMO LA MUJER PROCEDE DEL VARÓN, TAMBIÉN EL VARÓN NACE DE LA MUJER; PERO TODO PROCEDE DE DIOS.

GÁLATAS 3:27-28 (TLA)

PORQUE CUANDO FUERON BAUTIZADOS, TAMBIÉN QUEDARON UNIDOS A CRISTO, Y AHORA ACTÚAN COMO ÉL. ASÍ QUE NO IMPORTA SI SON JUDÍOS O NO LO SON, SI SON ESCLAVOS O LIBRES, O SI SON HOMBRES O MUJERES. SI ESTÁN UNIDOS A JESUCRISTO, TODOS SON IGUALES.

Es hora de que dejemos que la palabra de Dios renueve nuestra mente para llegar a ser todo lo que Dios nos creó para ser. Usar la palabra de Dios sacada de contexto para engañarnos es la especialidad del enemigo. Eso fue lo que trató de hacer con Jesús cuando lo tentó en el desierto. Pero nuestro Redentor contestó: "Escrito está también..."(Mateo 4:6-7) Si conoces la palabra de Dios parcialmente, estarás expuesto a mucha confusión y podrás ser blanco fácil de las mentiras que el mundo y el enemigo te presentan. Si miras a los hombres y aceptas sus enseñanzas sin comprobar si vienen realmente de la Biblia, tendrás una imagen distorsionada del Padre o te decepcionarás de Él y lo culparás por los problemas del mundo cuando en realidad los problemas del mundo son consecuencia de dejar a un lado las enseñanzas de Dios. Son consecuencia de ignorar La VERDAD y desobedecerla.

El machismo y el feminismo son males del mundo y resultado de los deseos de la carne (pecado) y de las mentiras que la humanidad ha creído. Nada tienen que ver con el hermoso diseño de Dios y su plan perfecto para la humanidad y en especial para el matrimonio.

1 JUAN 2:15-17

NO AMÉIS AL MUNDO, NI LAS COSAS QUE ESTÁN EN EL MUNDO. SI ALGUNO AMA AL MUNDO, EL AMOR DEL PADRE NO ESTÁ EN ÉL. PORQUE TODO LO QUE HAY EN EL MUNDO, LOS DESEOS DE LA CARNE, LOS DESEOS DE LOS OJOS, Y LA VANAGLORIA DE LA VIDA, NO PROVIENE DEL PADRE, SINO DEL MUNDO. Y EL MUNDO PASA, Y SUS DESEOS; PERO EL QUE HACE LA VOLUNTAD DE DIOS PERMANECE PARA SIEMPRE.

GÁLATAS 5:16-21

DIGO, PUES: ANDAD EN EL ESPÍRITU, Y NO SATISFAGÁIS LOS DESEOS DE LA CARNE. PORQUE EL DESEO DE LA CARNE ES CONTRA EL ESPÍRITU, Y EL DEL ESPÍRITU ES CONTRA LA CARNE; Y ÉSTOS SE OPONEN ENTRE SÍ, PARA QUE NO HAGÁIS LO QUE QUISIEREIS. PERO SI SOIS GUIADOS POR EL ESPÍRITU, NO ESTÁIS BAJO LA LEY. Y MANIFIESTAS SON LAS OBRAS DE LA CARNE, QUE SON: ADULTERIO, FORNICACIÓN, INMUNDICIA, LASCIVIA, IDOLATRÍA, HECHICERÍAS, ENEMISTADES, PLEITOS, CELOS, IRAS, CONTIENDAS, DISENSIONES, HEREJÍAS, ENVIDIAS, HOMICIDIOS, BORRACHERAS, ORGÍAS, Y COSAS SEMEJANTES A ESTAS; ACERCA DE LAS CUALES OS AMONESTO, COMO YA OS LO HE DICHO ANTES, QUE LOS QUE PRACTICAN TALES COSAS NO HEREDARÁN EL REINO DE DIOS.

¡Hay tanto dolor acumulado en el corazón de las personas por las injusticias cometidas por los hombres a lo largo de la historia de la humanidad! No dejes que eso te aleje de LA VERDAD, no dejes que eso te confunda y ponga en tu mente una imagen distorsionada de Dios. Nuestro Padre celestial nos ama y el amor es la esencia de la creación y de los vínculos relaciones establecidos por Él.

Si no amamos al creador, no podremos amar la creación. Lo primero que necesitamos para aprender a amar es aceptar al creador y aceptar su diseño perfecto para la creación. Él es el amor, el creó al hombre y a la mujer e instituyó el matrimonio. Por definición divina el matrimonio es la unión de un hombre con una mujer. Cuando se le llama matrimonio a otra cosa, no solamente estamos anulando la naturaleza misma del concepto, sino estamos diciendo que no aceptamos el diseño del creador.

Tiempo atrás Dios me entregó (Marialina) una definición muy profunda de lo que es AMAR para el ser humano. Por años de mi vida le había pedido a Dios poder amar como Él ama. Realmente sabía que pedía algo grande, pero ni siquiera alcanzaba a entender en un uno por ciento lo que esto implica. Recuerdo que vino a mi mente la siguiente definición:

A ceptar la soberanía de Dios con

M ancedumbre y

A gradecimiento

R indiendo mi voluntad a Su voluntad

Aceptar el diseño de Dios para la creación, es aceptar al creador. Revelarnos contra la creación, solo apunta hacia una rebeldía mucho mayor contra el creador.

El pecado que mora en nosotros, el enemigo y el mundo nos invitan a la rebeldía. La mayoría de los problemas matrimoniales tienen su raíz en este mal que está arraigado a nuestra carne, pero del cual estamos libres si andamos en el espíritu.

La siguiente tabla fue inspirada en el análisis de cosmovisiones que hace el Dr. Tacler en El Proyecto La Verdad y pretende mostrar la gran oposición que hay entre el diseñó de Dios para el matrimonio y como es visto y vivido en estos tiempos. La tabla refleja en la primera columna la verdad, el diseño perfecto del creador para la humanidad y el matrimonio. Un diseño lógico que nos da vida (salud emocional, espiritual y física), que crea familias sanas, funcionales, sólidas y nos da paz. En la segunda columna se nos presentan las mentiras que nos ofrecen el pecado, el mundo y Satanás. Ellas no hacen sentido, son ilógicas, van contra el diseño del ser humano en todo su ser (cuerpo, alma y espíritu). Traen dolor, ansiedad, angustia, amargura y muerte. Crean familias disfuncionales, llenas de resentimiento y culpa. Sin embargo, en medio de la necedad y ceguera espiritual en la que se encuentra el hombre sin Dios, la humanidad camina hacia ellas con la esperanza de encontrar vida en la muerte.

Esto es absurdo, pero tristemente es la "norma" en la que vivimos.

VERDAD (Realidad)	MENTIRA (Ilusión)
Dios dice:	El pecado, el mundo y Satanás dicen:
Unidad - Matrimonio Marcos 10:7-8	**División - Divorcio**
Separación Sexos diferentes con genética y funciones diferentes varón y hembra. **Mateo 19:4**	**Unificación** Homosexualidad, Bisexualidad, Transgénero
Roles Hombre: Cabeza de la Mujer **1 Corintios11:3** Mujer: Ayuda Idónea del Hombre **Genesis 2:18**	**Recelo** No tomes ese rol. Él/Ella no es mejor que tú. No puedes hacer eso no va con tu personalidad.
Responsabilidad Hombre: ame a su mujer como a sí mismo y la mujer respete a su marido. **Efesios 5:33**	**Culpa** No asumas responsabilidad por lo que te toca. Escúsate en la irresponsabilidad del otro y culpa a él/ella de los problemas que tienen.
Autoridad Dios es la autoridad suprema, El Creador. Al someternos a Él podremos cumplir nuestros roles sin recelo y encontraremos la felicidad en ser aquello que fuimos creados para ser. **Efesios 5:21-23**	**Rebelión** Haz lo que quieras. No obedezca a nadie mas que a ti mismo. Ser feliz es hacer lo que te da la gana.
Delegar Haz tu parte y deja que tu conyugue haga la suya y sea responsables por lo que Dios lo ha hecho responsable. Ambos deben crecer en Cristo. **Gálatas 6:2-5**	**Control/Victima** Codependencia y manipulación. Controla todo y que todos dependan de ti para que seas importante y necesario porque eso te da valor. No puedes, nadie te entiende, nadie te ama...
Libertad Vive en La Verdad y escoge tener una comunicación transparente y honesta con tu conyugue. Se fiel a Dios y a tu esposo/a. **Romanos 6:22**	**Esclavitud** Ten secretos con tu conyugue y con otros. Vive una vida de mentiras, apariencias e hipocresía. Adulterio, orgias, lujuria, lascivia, pornografía...

Examen del Corazón

¿Entiendes el matrimonio como la unión (carnal, emocional y espiritual) de un hombre con una mujer con todo lo que eso implica?

¿Entiendes el sexo como un regalo de Dios solo para aquellos que se han unido en matrimonio?

¿Has violado el principio bíblico de la pureza sexual entregándote a pasiones vergonzosas o prácticas sexuales fuera del matrimonio y no aprobadas por Dios? (Adulterio, fornicación, homosexualidad, pornografía, orgías, masturbación, pedofilia, exhibicionismo, lascivia, lujuria...)

¿Tienes secretos con tu conyugue?

¿Hay pecados de naturaleza sexual en tu vida que te hacen sentir indigno del amor de Dios y de otros?

¿Hay pecados de naturaleza sexual que nunca has confesado a nadie, que pesan en tu corazón y que te motivan a relacionarte en temor con tu pareja? (¿Piensas, "si supiera esto de mí, me dejaría o no me amaría?)

Si respondiste no a una de las primeras dos preguntas o a las dos, tu entendimiento del matrimonio está fuera de la palabra de Dios y por tanto fuera de la verdad. Necesitas aclarar a la luz de las escrituras en que estás equivocado/a y permitirle a Dios que te corrija y libere de las mentiras que has creído.

Si contestaste si a alguna de las cuatro últimas preguntas o a todas, necesitas arrepentirte de todo corazón, pedir perdón a Dios y pedirle que te guie a alguien maduro (pastor / consejero / hermano) con quien puedas abrir tu corazón y confesar tu pecado para que ore por ti y te ayude en tu proceso de sanidad y libertad.

Recuerda que no se trata de que crees tú o de que te gustaría (deseos de tu carne), se trata de la verdad y de vivir en ella. Se trata de obedecer al creador porque Él sabe lo que es mejor para Su creación y su diseño es perfecto.

No hay vida fuera de La Verdad porque la verdad y la vida son un mismo ser, Jesucristo. Te animamos a hacer de la verdad tu estilo de vida para que puedas realmente vivir y vivas en abundancia.

En el siguiente capítulo hablaremos de La Vida y presentaremos a nuestro Padre Celestial como el modelo a imitar para todos aquellos que somos padres y madres no solamente biológicamente sino también espiritualmente.

Es extensa esta enseñanza, pero cómo podría no serlo si se trata de Dios mismo. Sabemos que es imposible para lo finito poder describir o explicar a plenitud lo infinito. Sin embargo, confiamos que estas líneas, párrafos y capítulos serán usados por el Espíritu Santo para revelarte la grandeza de Dios y para guiarte en el camino hacia sus brazos.

CAPÍTULO 7

La Vida

DEUTERONOMIO 30:19-20

A LOS CIELOS Y A LA TIERRA LLAMO POR TESTIGOS HOY CONTRA VOSOTROS, QUE OS HE PUESTO DELANTE LA VIDA Y LA MUERTE, LA BENDICIÓN Y LA MALDICIÓN; ESCOGE, PUES, LA VIDA, PARA QUE VIVAS TÚ Y TU DESCENDENCIA; AMANDO A JEHOVÁ TU DIOS, ATENDIENDO A SU VOZ, Y SIGUIÉNDOLE A ÉL; PORQUE ÉL ES VIDA PARA TI, Y PROLONGACIÓN DE TUS DÍAS...

Escoge la vida

Dios da la posibilidad a cada ser humano de elegir entre la vida y la muerte. Al tiempo de este pasaje, aun Cristo no había muerto por los pecados de la humanidad; sin embargo, Dios ya presentaba esta elección al pueblo de Israel. Con sus acciones, el hombre escoge entre la vida y la muerte, entre la maldición y la bendición todos los días de su vida. Cristo es la vida. Así que cuando Dios le decía al pueblo de Israel que escogiera La Vida, los estaba motivando a que escogieran a Cristo, aunque el Mesías aún no había nacido en Belén.

Él es el testimonio supremo del amor de Dios por la humanidad. Por eso para poder amar a Dios necesitamos entender su sacrificio. Necesitamos entender que Él nos amó a nosotros primero.

Cuando el libro de Deuteronomio fue escrito, cada vez que el hombre pecaba necesitaba hacer un sacrificio para expiar ese pecado especifico que había cometido porque el pago total y final por el pecado aún no había sido hecho. El precio de nuestra redención no había sido pagado.

Y sabemos cuál fue el precio que Dios pagó por nosotros y quién es ese que fue sacrificado una vez y por siempre por todos los pecados de la humanidad.

HEBREOS 7:22-28

POR TANTO, JESÚS ES HECHO FIADOR DE UN MEJOR PACTO. Y LOS OTROS SACERDOTES LLEGARON A SER MUCHOS, DEBIDO A QUE POR LA MUERTE NO PODÍAN CONTINUAR; MAS ÉSTE, POR CUANTO PERMANECE PARA SIEMPRE, TIENE UN SACERDOCIO INMUTABLE; POR LO CUAL PUEDE TAMBIÉN SALVAR PERPETUAMENTE A LOS QUE POR ÉL SE ACERCAN A DIOS, VIVIENDO SIEMPRE PARA INTERCEDER POR ELLOS. PORQUE TAL SUMO SACERDOTE NOS CONVENÍA: SANTO, INOCENTE, SIN MANCHA, APARTADO DE LOS PECADORES, Y HECHO MÁS SUBLIME QUE LOS CIELOS; QUE NO TIENE NECESIDAD CADA DÍA, COMO AQUELLOS SUMOS SACERDOTES, DE OFRECER PRIMERO SACRIFICIOS POR SUS PROPIOS PECADOS, Y LUEGO POR LOS DEL PUEBLO; PORQUE ESTO LO HIZO UNA VEZ PARA SIEMPRE, OFRECIÉNDOSE A SÍ MISMO. PORQUE LA LEY CONSTITUYE SUMOS SACERDOTES A DÉBILES HOMBRES; PERO LA PALABRA DEL JURAMENTO, POSTERIOR A LA LEY, AL HIJO, HECHO PERFECTO PARA SIEMPRE.

JUAN 1:29

EL SIGUIENTE DÍA VIO JUAN A JESÚS QUE VENÍA A ÉL, Y DIJO: HE AQUÍ EL CORDERO DE DIOS, QUE QUITA EL PECADO DEL MUNDO.

Es hermoso ver el amor de Dios por la humanidad en el nacimiento, sufrimiento, muerte y resurrección de Jesús. Como hemos visto en todos los capítulos anteriores, no tenemos excusas, sino suficientes razones para escoger la vida. Así que si, según Deuteronomio 30: 19, escoger la vida es amar a Jehová tu Dios, atender a su voz, y seguirle a él, debiéramos comenzar por preguntarnos:

¿Qué es amar a Dios?

1 JUAN 5:3

PUES ESTE ES EL AMOR A DIOS, QUE GUARDEMOS SUS MANDAMIENTOS; Y SUS MANDAMIENTOS NO SON GRAVOSOS.

JUAN 14:21

EL QUE TIENE MIS MANDAMIENTOS, Y LOS GUARDA, ÉSE ES EL QUE ME AMA; Y EL QUE ME AMA, SERÁ AMADO POR MI PADRE, Y YO LE AMARÉ, Y ME MANIFESTARÉ A ÉL.

Hay un verbo que es el denominador común entre estos dos versículos y que define la actitud que debe tener nuestro corazón para que sepamos que realmente amamos a Dios. El verbo es guardar y la actitud es obediencia. Necesitamos obediencia para caminar El Camino, conocer La Verdad, y vivir La Vida en abundancia.

Mucho hemos hablado de la desobediencia y la obediencia en este libro. Ahora definimos OBEDIENCIA como amar a Dios, el primer mandamiento y la primera condición para escoger LA VIDA.

Jesús vino a reconciliarnos con el Padre y la práctica de esa reconciliación es La VIDA. No la "vida" que nos ofrece el mundo llena de vanidades y pecados, vacía e insuficiente, sino vida en abundancia donde a pesar de los contratiempos y dificultades tenemos gozo, esperanza, paz y amor.

Los sueños, propósitos y metas

La verdad, la paz, las bendiciones

Nuestras vidas

JUAN 10:10

*EL LADRÓN NO VIENE SINO PARA ROBAR, MATAR Y DESTRUIR; YO HE VENIDO PARA QUE TENGAN VIDA Y PARA QUE LA TENGAN **EN ABUNDANCIA**.*[14]

La propuesta de Dios no es que sobrevivas, es que vivas en abundancia.

A pesar de tener un enemigo real (Satanás) que pelea contra nosotros y que busca destruirnos, podemos tener una vida abundante en Cristo si obedecemos la palabra de Dios.

La vida en abundancia no depende de los periodos de abundancia o de escases, de la salud o la enfermedad, de los tiempos de bendiciones o de pruebas... La vida en abundancia es definida por la actitud de nuestro corazón ante la soberanía de Dios.

Sin obediencia a Dios no habrá vida en abundancia porque es Él quien conoce lo que es mejor para nosotros. Si obviamos sus recomendaciones nuestro corazón se llenará de maleza que impedirá que el fruto de su Espíritu se manifieste en nuestra vida. De un corazón enfermo, lleno de amargura y dolor no podrá fluir el amor. Cuando analizamos el tema del perdón en el capítulo

[14] Énfasis añadido por los autores.

cinco, vimos que Dios da la responsabilidad a cada ser humano de cuidar su propio corazón. (Proverbios 4:23)

Hacernos responsables por cuidarnos a nosotros mismos es dejar de ser niños para ser adultos. Es entender que separados de Dios nada podemos hacer.

Bendito el hombre que tiene la humildad para reconocer su propia ignorancia, necesidad y dependencia de Dios. Las escrituras nos enseñan:

GÉNESIS 2:7

"ENTONCES EL SEÑOR DIOS MODELO AL HOMBRE CON ARCILLA DEL SUELO Y SOPLO EN SU NARIZ UN ALIENTO DE VIDA. ASÍ EL HOMBRE SE CONVIRTIÓ EN UN SER VIVIENTE."

Dios es la fuente de la vida. De la misma manera como necesito respirar para que mi corazón siga latiendo, de esa misma manera necesito a Dios para tener vida.

¡Únicamente una relación íntima con El Padre a través de Jesús me lleva a la vida en abundancia que tanto anhelo!!!!

Atender a Su voz

Por eso no solo necesito escuchar su voz, sino también obedecerla. Escuchar lo que Dios tiene para decirme con mi corazón humilde y dispuesto para obedecer es oírlo Eso muestra si realmente le amo. El que tenga oídos para oír, oiga. (Mateos 11:15)

Escuchar no es igual a oír. Escuchamos muchos sonidos y voces diariamente, pero no necesariamente le prestamos atención a eso que escuchamos. Podemos estar escuchando a Dios, pero desenfocados, con corazones duros y arrogantes que no desean obedecer o que tratan de apagar Su voz con otras voces o sonidos que nos dicen lo que queremos oír y no lo que necesitamos oír.

Oír no es solamente escuchar sino prestar atención a lo que escuchamos con la intención de obedecerlo y de aprender de ello.

Ya sabemos que la palabra que sale de la boca de Dios es el alimento diario que el hombre necesita para vivir y obedecerla es imprescindible para escoger la vida. No hay vida sin oír a Dios porque no sólo de pan vivirá el hombre sino de toda palabra que sale de la boca de Dios. (Mateo 4:4)

Necesitas aprender a oír a Dios, necesitas aprender a reconocer su voz y para eso hay una sola opción: pasar tiempo a solas con Él. Eso hacía Jesús y eso debemos hacer nosotros.

En nuestro libro A Solas con Dios[15] damos detalles de cómo lograr tener tiempos de intimidad con nuestro Padre Celestial. Aquí nos limitaremos a compartir contigo algunos versículos que te indican: dónde y cuándo tener tiempo a solas con Dios y cómo es su voz.

MATEO 6:6

MAS TÚ, CUANDO ORES, ENTRA EN TU APOSENTO, Y CERRADA LA PUERTA, ORA A TU PADRE QUE ESTÁ EN SECRETO; Y TU PADRE QUE VE EN LO SECRETO TE RECOMPENSARÁ EN PÚBLICO.

JOB 8:5-6

[15] Andrés y Marialina Hernández – "A Solas con Dios"

SI TÚ DE MAÑANA BUSCARES A DIOS, Y ROGARES AL TODOPODEROSO; SI FUERES LIMPIO Y RECTO, CIERTAMENTE LUEGO SE DESPERTARÁ POR TI, Y HARÁ PRÓSPERA LA MORADA DE TU JUSTICIA.

LUCAS 5:16

MAS ÉL (JESÚS) SE APARTABA A LUGARES DESIERTOS, Y ORABA.

MARCOS 1:35

(JESÚS)LEVANTÁNDOSE MUY DE MAÑANA, SIENDO AÚN MUY OSCURO, SALIÓ Y SE FUE A UN LUGAR DESIERTO, Y ALLÍ ORABA.

1 REYES 19:11-13

ÉL LE DIJO: SAL FUERA, Y PONTE EN EL MONTE DELANTE DE JEHOVÁ. Y HE AQUÍ JEHOVÁ QUE PASABA, Y UN GRANDE Y PODEROSO VIENTO QUE ROMPÍA LOS MONTES, Y QUEBRABA LAS PEÑAS DELANTE DE JEHOVÁ; PERO JEHOVÁ NO ESTABA EN EL VIENTO. Y TRAS EL VIENTO UN TERREMOTO; PERO JEHOVÁ NO ESTABA EN EL TERREMOTO. Y TRAS EL TERREMOTO UN FUEGO; PERO JEHOVÁ NO ESTABA EN EL FUEGO. Y TRAS EL FUEGO UN SILBO APACIBLE Y DELICADO. Y CUANDO LO OYÓ ELÍAS, CUBRIÓ SU ROSTRO CON SU MANTO, Y SALIÓ, Y SE PUSO A LA PUERTA DE LA CUEVA. Y HE AQUÍ VINO A ÉL UNA VOZ, DICIENDO: ¿QUÉ HACES AQUÍ, ELÍAS?

Hay muchas personas que cuestionan si Dios aun habla a los hombres en estos tiempos. Otros rechazan la idea sólo porque les parece algo imposible, pero las escrituras nos muestran que Dios nos habla desde nuestro corazón cuando buscamos tener una relación genuina y profunda con Él como la que tenía el rey David.

SALMOS 27:8

MI CORAZÓN HA DICHO DE TI: BUSCAD MI ROSTRO. TU ROSTRO BUSCARÉ, OH JEHOVÁ

La frase, "Buscad mi rostro." Es la voz de Dios hablando a David desde su corazón. Esa misma realidad es nuestra hoy. Todos los que nos hemos reconciliado con el Padre tenemos el Espíritu Santo que nos habla y nos guía a toda verdad.

GÁLATAS 4:6

Y POR CUANTO SOIS HIJOS, DIOS ENVIÓ A VUESTROS CORAZONES EL ESPÍRITU DE SU HIJO, EL CUAL CLAMA: !!ABBA, PADRE!

JUAN 16:13

PERO CUANDO VENGA EL ESPÍRITU DE VERDAD, ÉL OS GUIARÁ A TODA LA VERDAD; PORQUE NO HABLARÁ POR SU PROPIA CUENTA, SINO QUE HABLARÁ TODO LO QUE OYERE, Y OS HARÁ SABER LAS COSAS QUE HABRÁN DE VENIR.

Si nunca te has dado cuenta de que Dios te habla desde tu corazón. Te invitamos a hacer silencio y esperar. En tu interior podrás escuchar su voz apacible y sabrás que eres amado/a y que el creador del universo vive en ti.

GÁLATAS 2:20

CON CRISTO ESTOY JUNTAMENTE CRUCIFICADO, Y YA NO VIVO YO, MAS VIVE CRISTO EN MÍ; Y LO QUE AHORA VIVO EN LA CARNE, LO VIVO EN LA FE DEL HIJO DE DIOS, EL CUAL ME AMÓ Y SE ENTREGÓ A SÍ MISMO POR MÍ.

Seguirle a Él

Por último, pero no menos importante es seguirle a Él.

JUAN 10:27

MIS OVEJAS OYEN MI VOZ, Y YO LAS CONOZCO, Y ME SIGUEN.

Este versículo conecta el oír la voz de Dios con seguirlo a Él. Hay personas que se esfuerzan por obedecer a Dios en todo, pero cuando Dios les dice que lo sigan no quieren hacerlo y se resisten. No quieren dejar su zona de confort, no quieren sacrificar lo que les gusta, dejar a sus amigos o familiares, no quieren hacer el trabajo que Dios les ha encomendado por pereza, justicia propia u otras razones...

El caso es que sin seguir a Cristo no tendrás vida en abundancia. Eso que no quieres hacer es lo que Él usará para moldearte, para enseñarte, para nutrirte y para que experimentes la vida verdadera que es mucho más que simplemente respirar. Eso que no quieres hacer es lo que verdaderamente te dará los deseos de tu corazón, aunque quizás ahora no te parezca.

Escoger la muerte es vivir en desobediencia a Dios. La desobediencia nos aleja más y más de Él todos los días llevándonos por un camino oscuro en el que no hay perdón, ni esperanza, ni paz, por el contrario, una existencia de miseria y temores. El siguiente gráfico detalla esta verdad.

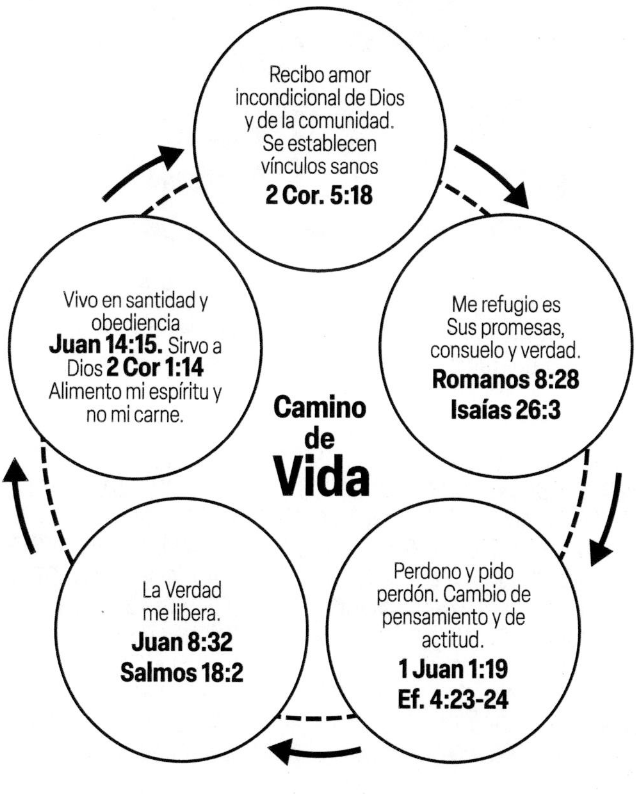

Por el contrario, escoger la vida nos asegura que tendremos suficiente amor y perdón en nuestros corazones para poder ser humildes cuando nos equivocamos, arrepentirnos y pedir perdón a quienes herimos; así también como estar dispuestos a perdonar a aquellos que nos hieren, aceptando que todos somos humanos y pecadores. Esto mantendrá mi corazón limpio para que pueda tener una relación genuina con Dios en mi día a día, dejándome transformar por Él y viviendo en abundancia (sin temores, en la luz) mientras espero el regreso de mi Redentor.

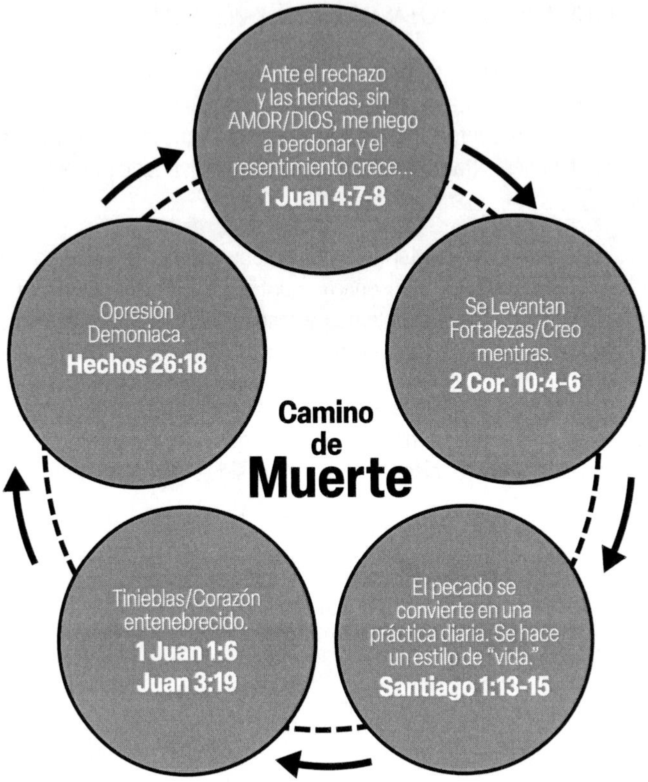

Como cristianos debemos vivir escogiendo la vida diariamente. Practicando lo que nos muestra el gráfico del camino de vida para que nuestros corazones se mantengan limpios y nuestra relación con Dios no sea interrumpida, ni estorbada por nada. Esto es seguirle a Él.

COLOSENSES 3:5-11

HACED MORIR, PUES, LO TERRENAL EN VOSOTROS: FORNICACIÓN, IMPUREZA, PASIONES DESORDENADAS, MALOS DESEOS Y AVARICIA, QUE ES IDOLATRÍA; COSAS POR LAS CUALES LA IRA DE DIOS VIENE SOBRE LOS HIJOS DE DESOBEDIENCIA, EN LAS CUALES VOSOTROS TAMBIÉN ANDUVISTEIS EN OTRO TIEMPO CUANDO VIVÍAIS EN ELLAS. PERO AHORA DEJAD TAMBIÉN VOSOTROS TODAS ESTAS COSAS: IRA, ENOJO, MALICIA, BLASFEMIA, PALABRAS DESHONESTAS DE VUESTRA BOCA. NO MINTÁIS LOS UNOS A LOS OTROS, HABIÉNDOOS DESPOJADO DEL VIEJO HOMBRE CON SUS HECHOS, Y REVESTIDO DEL NUEVO, EL CUAL CONFORME A LA IMAGEN DEL QUE LO CREÓ SE VA RENOVANDO HASTA EL CONOCIMIENTO PLENO, DONDE NO HAY GRIEGO NI JUDÍO, CIRCUNCISIÓN NI INCIRCUNCISIÓN, BÁRBARO NI ESCITA, SIERVO NI LIBRE, SINO QUE CRISTO ES EL TODO, Y EN TODOS.

No tienes excusas para no acércate a Dios, aun si como hijo/a has pecado. Si te arrepientes de corazón, Él siempre está dispuesto a perdonarte y a sanarte.

2 CRÓNICAS 7:14

SI SE HUMILLARE MI PUEBLO, SOBRE EL CUAL MI NOMBRE ES INVOCADO, Y ORAREN, Y BUSCAREN MI ROSTRO, Y SE CONVIRTIEREN DE SUS MALOS CAMINOS; ENTONCES YO OIRÉ DESDE LOS CIELOS, Y PERDONARÉ SUS PECADOS, Y SANARÉ SU TIERRA.

1 JUAN 1:6-9

SI DECIMOS QUE TENEMOS COMUNIÓN CON ÉL, Y ANDAMOS EN TINIEBLAS, MENTIMOS, Y NO PRACTICAMOS LA VERDAD; PERO SI ANDAMOS EN LUZ, COMO ÉL ESTÁ EN LUZ, TENEMOS COMUNIÓN UNOS CON OTROS, Y LA SANGRE DE JESUCRISTO SU HIJO NOS LIMPIA DE TODO PECADO. SI DECIMOS QUE NO TENEMOS PECADO, NOS ENGAÑAMOS A NOSOTROS MISMOS, Y LA VERDAD NO ESTÁ EN NOSOTROS. SI CONFESAMOS NUESTROS PECADOS, ÉL ES FIEL Y JUSTO PARA PERDONAR NUESTROS PECADOS, Y LIMPIARNOS DE TODA MALDAD.

Él es el padre perfecto y el modelo que seguir para aquellos que hemos recibido el privilegio de tener hijos, no solamente biológicos, sino también espirituales. Así como quisieras que tus hijos fueran uno contigo, así quiere Dios que seas uno con Él, como lo es Jesús.

Por eso definiremos VIDA de la siguiente manera:

V erdadera

I ntimidad con

D ios

A mor

La vida en abundancia es posible si verdaderamente te esfuerzas por tener una relación íntima con Dios. Y no hablamos de afán, stress, ansiedad, o cosas que puedas lograr en tus propias fuerzas, con esfuerzo físico o mental. Hablamos de rendición, de descanso, de confianza, de paz que sobre pasa todo entendimiento. Hablamos de entregar tus cargas a Él y tomar la suya que es fácil y ligera. Hablamos de relación y compenetración.

FILIPENSES 4:6-8

POR NADA ESTÉIS AFANOSOS, SINO SEAN CONOCIDAS VUESTRAS PETICIONES DELANTE DE DIOS EN TODA ORACIÓN Y RUEGO, CON ACCIÓN DE GRACIAS. Y LA PAZ DE DIOS, QUE SOBREPASA TODO ENTENDIMIENTO, GUARDARÁ VUESTROS CORAZONES Y VUESTROS PENSAMIENTOS EN CRISTO JESÚS.

MATEO 11:28-30

VENID A MÍ TODOS LOS QUE ESTÁIS TRABAJADOS Y CARGADOS, Y YO OS HARÉ DESCANSAR. LLEVAD MI YUGO SOBRE VOSOTROS, Y APRENDED DE MÍ, QUE SOY MANSO Y HUMILDE DE CORAZÓN; Y HALLARÉIS DESCANSO PARA VUESTRAS ALMAS; PORQUE MI YUGO ES FÁCIL, Y LIGERA MI CARGA.

El Padre quiere ser para ti lo mismo que es para Jesús; quiere tener contigo el tipo de relación que tiene con Jesús. Tú también eres Su hijo

JUAN 10:30

YO Y EL PADRE UNO SOMOS.

Instrumentos de Dios para dar vida

En su infinito amor, nuestro Dios creó al ser humano a su imagen y semejanza y con esa gran bendición viene también una gran responsabilidad. El hombre y la mujer pasan de ser recipientes de vida a ser instrumento de Dios para dar vida.

Pero ¿qué sucede cuando nos convertimos en padres y aun "vivimos" en muerte? ¿Podremos enseñar a nuestros hijos a vivir, si nosotros mismos sólo respiramos?

Definitivamente no podremos. No puedes dar aquello que no has recibido. No puedes enseñar aquello que no has aprendido. Si pasas más tiempo en las cosas del mundo que en Cristo, no tendrás vida para dar a otros incluyendo a tus propios hijos. Recuerda la primera regla para ser un buen padre es ser un buen hijo. Así que escucha a tu Padre Celestial y déjate enseñar por Él.

PROVERBIOS 10:17

EL QUE ATIENDE A LA CORRECCIÓN VA CAMINO A LA VIDA;
EL QUE LA RECHAZA SE PIERDE.

PROVERBIOS 21:21

EL QUE VA TRAS LA JUSTICIA Y EL AMOR HALLA VIDA, PROSPERIDAD Y HONRA.

PROVERBIOS 1:5

OIRÁ EL SABIO, Y AUMENTARÁ EL SABER, Y EL ENTENDIDO ADQUIRIRÁ CONSEJO

Dios quiere que aprendamos a escoger la VIDA por instrucción por eso entregó al hombre la ley por medio de Moisés. Dios quiere que escojamos su instrucción por amor por eso regaló al hombre la gracia y la verdad a través del sacrificio de Jesucristo.

Esta es tu oportunidad de aprender a vivir en abundancia para poder ser el padre o la madre que Dios quiere que seas. En este capítulo te invitamos a verte como padre o madre y a pararte frente al Padre Celestial para mirarte en Él como el espejo que te mostrará las cosas que aún no has visto y que necesitas ver para poder desempeñar este rol tan hermoso, de tanto sacrificio y responsabilidad con sabiduría, humildad y amor. Recuerda que la tarea a cumplir para ser padres de acuerdo a los criterios de madurez que compartimos en el capítulo cuatro es cuidar de nuestros hijos sacrificadamente.

Puede ser que tú no hayas tenido padres que te cuidaran sacrificadamente y todo lo que puedes ver es como ellos modelaron a un padre muy diferente del Padre Celestial. Recuerda que no eres víctima. El precio por los pecados de otros contra ti ha sido pagado y también ha sido pagado el precio de tus propios pecados contra otros y contra ti mismo. Perdona como has sido perdonado y enfócate en crecer y sanar para que puedas ser todo lo que Dios quiere que tu seas y tus hijos tengan un mejor padre o una mejor madre.

Sólo conociendo al Padre podremos ser verdaderos padres a nuestros hijos; sólo recibiendo su amor a través de Jesús podremos AMAR, VIVIR, y dar VIDA.

Examen del Corazón

¿Es el Padre Celestial tu modelo de Padre?

¿Es el Padre Celestial tu primer consejero en aquellos momentos en que no sabes qué hacer con tus hijos?

¿Crees que conoces al Padre?

¿Te atreverías a decir que conoces a alguien si ni siquiera conoces su nombre completo?

¿Conoces los nombres de Dios y qué te revela Él de su carácter a través de ellos?

Cada uno de los muchos nombres de Dios describe un aspecto diferente de Su carácter multifacético y perfecto.

Cada uno de los nombres de Dios nos revela a nosotros las cualidades de un buen Padre. Él es nuestro modelo de Padre. Conocer sus nombres nos enseña las características de una paternidad sana, efectiva y llena de amor. Además, nos ayuda a confiar en Él.

SALMOS 9:10

EN TI CONFIARÁN LOS QUE CONOCEN TU NOMBRE, POR CUANTO TÚ, OH JEHOVÁ, NO DESAMPARASTE A LOS QUE TE BUSCARON.

Aun cuando nos esforcemos al máximo para ser buenos padres o madres a nuestros hijos, cometeremos errores porque somos insuficiente y pecadores. Así que aunque dediquemos horas interminables a educar a nuestros hijos y a modelarles verdad, estaremos limitados porque no podremos ver sus corazones, ni cambiarlos...Sólo Dios puede hacer eso, únicamente Su Santo Espíritu en ellos puede producir amor, fe, bondad, benignidad, paz, mansedumbre, templanza, paciencia y gozo. Nosotros plantaremos y regaremos, pero Dios dará el crecimiento.

1 CORINTIOS 3:7

ASÍ QUE NI EL QUE PLANTA ES ALGO, NI EL QUE RIEGA, SINO DIOS, QUE DA EL CRECIMIENTO.

Recuerda, sólo el amor de Dios pude llenar el vacío en el corazón del ser humano. Tus hijos necesitan a Dios tanto como tú. Tu esfuerzo como padre dará frutos de vida si permaneces firme en la vida, haces lo que humanamente puedes hacer y entregas a Dios lo que sólo Él puede hacer. Necesitas aprender de Él, creer en Él, confiar en Él y descansar en Él. Solo así podrás tener reposo mientras haces tu tarea de padre/madre en un mundo lleno de mentiras y rebelión.

JUAN 16:33

ESTAS COSAS OS HE HABLADO PARA QUE EN MÍ TENGÁIS PAZ. EN EL MUNDO TENDRÉIS AFLICCIÓN; PERO CONFIAD, YO HE VENCIDO AL MUNDO.

Mientras vemos crecer a nuestros hijos, habrá momentos en los que tendremos dudas, temores, arrepentimientos, angustia... Nos sentiremos cansados, defraudados, preocupados, rechazados, decepcionados, traicionados, avergonzados, sobrecargados..., pero nada de eso definirá quienes somos, ni quienes serán nuestros hijos.

Conocer a Dios y poner nuestra fe en Cristo nos pasa a una dimensión sobrenatural. Ya no somos esclavos del temor ahora somos hijos de Dios como nos dice una canción[16] muy famosa que se ha convertido en un himno para mi (Marialina) y creo que para muchos cristianos. Esto nos asegura la Biblia cuando dice:

> **1 JUAN 3:1**
>
> *MIRAD CUÁL AMOR NOS HA DADO EL PADRE, PARA QUE SEAMOS LLAMADOS HIJOS DE DIOS; POR ESTO EL MUNDO NO NOS CONOCE, PORQUE NO LE CONOCIÓ A ÉL.*

Dios tiene hermosas promesas en su palabra para sus hijos, para aquellos que verdaderamente lo aman y buscan obedecer sus mandamientos. Él es nuestro Padre, nos ama y ama a nuestros hijos más que nosotros. Podemos confiar en Él cuando conocemos su nombre (El nombre de Dios está compuesto de varios nombres que expresan su carácter). Conocer el carácter del Padre perfecto nos hará ser mejores padres a nuestros hijos. Nos ayudará a asimilar un poco más la magnitud de Su amor por nosotros, nos recordará que somos hijos y no huérfanos.

Nombres de Dios y qué aprendemos de ellos los padres

YHWH / YAHWEH / JEHOVÁ: YO SOY EL QUE SOY (Éxodo 3:14)

Tu eres el papá o mamá de tus hijos asume la responsabilidad y sé lo que debes ser para ellos. No des tu rol a alguien más, ni tus responsabilidades a otras personas. No permitas que nadie pase por encima de tu autoridad. Si Dios te escogió a ti para esto en Él tienes todo lo que necesitas para hacerlo. No pienses que Dios se equivocó, porque Él no se equivoca. El ser humano en su inmadurez y pecado (egoísmo, temor, orgullo) muchas veces cree que Dios se equivoca, pero no es así. El problema comienza cuando erróneamente creemos que tenemos que hacerlo solos (actitud de huérfanos) y no confiamos en Él y no le pedimos ayuda. Hemos creído que debemos hacer las cosas solos y hemos obviado la verdad que nos dice que separados de Él nada podemos hacer.

Esto no quiere decir que no recibas ayuda de personas a tu alrededor. Por el contrario, es sabio pedir ayuda a personas maduras que han criado a sus hijos en el Señor. Personas que no querrán tomar tu lugar, sino que te ayudarán a ser el padre o madre que Dios quiere que seas. Ellos valorarán tu esfuerzo y te motivarán a crecer en áreas que aun estás inmaduro/a. Jamás te quitarán la fuerza moral delante de tus hijos, ni te criticarán o avergonzarán frente a ellos. Ellos no les hablarán mal a tus hijos de ti, por el contrario, enseñarán a tus hijos a respetarte y nunca pasarán por encima de tu autoridad.

Este nombre asimismo se traduce como SEÑOR (Deuteronomio 6:4, Daniel 9:14) todo en mayúscula para diferenciarlo de otros señores porque Él es el único Dios verdadero, el Señor de señores, la autoridad única y total sobre el ser humano y sobre el universo. Así tienen los padres autoridad sobre sus hijos. Una autoridad que no promueve ni practica el abuso sino el amor.

Jehová también especifica una proximidad, una presencia. Jehová está cerca, accesible para aquellos que claman a Él para liberación (Salmo 107:13), perdón (Salmo 25:11) y guía (Salmo 31:3) y nos enseña que como padres necesitamos estar accesibles para nuestros hijos para liberarlos, perdonarlos y guiarlos cuando ellos claman a nosotros por ayuda.

ADONAI: El Señor de señores (Génesis 15:2 & Jueces 6:15)

Este nombre es usado en lugar de YHWH (Yahweh o Jehová) porque se creía entre los judíos que

[16] No Longer Slaves, canción de Jonathan and Melissa Helser, Álbum: We Will Not Be Shaken.

el nombre de Dios era demasiado sagrado para ser pronunciado por hombres pecadores.

Su connotación es de respeto a una autoridad suprema a quien debemos honra, respeto y obediencia.

Precisamente eso pide Dios de los hijos a los padres dejando ver que ellos son una representación de Él en sus vidas.

Si enseñas a tus hijos a honrarte y a obedecerte les será más fácil honrar y obedecer a Dios. Dios es nuestro Padre y nos ama. Él quiere tener con nosotros una relación cercana, intima de tal manera que podamos llamarlo Papito o Abba Padre, sin embargo, esa relación siempre exigirá respeto, honra y obediencia porque Él es Dios y sabe lo que es mejor para nosotros.

Ten con tus hijos una relación íntima que les permita conversar de cualquier tema, reír, celebrar, gozarse juntos y también llorar, consolarse, escucharse a pesar de que no siempre estén de acuerdo, pero no les permitas desobedecerte, deshonrarte o irrespetarte. Estas dos últimas no las pases por alto aun cuando son adultos. Eso sería permitirles destruir sus propias vidas y el Amor nunca permitiría eso a un hijo. ¡Puedes perdonarlo, pero nunca aceptarlo!

Combinaciones de Jehová

Jehová Jireh: El que provee para todas tus necesidades. YO SOY tu Proveedor. (Genesis 22:14)

Este nombre aparece pronunciado por primera vez en la biblia nada más y nada menos que por Abraham, el padre de la fe, en medio de probablemente la conversación más difícil que tuvo con su amado hijo Isaac. Jehová proveyó y un carnero fue sacrificado en lugar del hijo de la promesa.

Dentro de tus responsabilidades de padre está el ser proveedor para tus hijos. Proveer no se limita a una necesidad material, sino que también implica proveer amor (primera necesidad del ser humano), paz, consuelo, enseñanza, disciplina, corrección, instrucción, oportunidades,...

> **MATEO 7:11**
>
> *PUES SI VOSOTROS, SIENDO MALOS, SABÉIS DAR BUENAS DÁDIVAS A VUESTROS HIJOS, ¿CUÁNTO MÁS VUESTRO PADRE QUE ESTÁ EN LOS CIELOS DARÁ BUENAS COSAS A LOS QUE LE PIDAN?*

Aun siendo pecadores (malos) podemos dar buenas cosas a nuestros hijos. Eso está en nosotros porque fuimos creados a la imagen de Dios y es nuestra responsabilidad que ellos tengan lo que necesitan para crecer y desarrollarse. Sin embargo, es clave que sepamos que es bueno para nuestros hijos para poder bendecirlos como nos bendice Dios y no maldecirlos con cosas que ellos quieren o que podemos nosotros querer darles, pero que no aportarán nada bueno a sus vidas.

> **PROVERBIOS 10:22**
>
> *LA BENDICIÓN DE JEHOVÁ ES LA QUE ENRIQUECE,*
> *Y NO AÑADE TRISTEZA CON ELLA.*

Solo en alianza con Dios podrás saber qué cosas son realmente buenas para tus hijos. Y que cosas parecen buenas, pero no lo son. En esta última lista podemos encontrar cosas materiales y cosas no materiales. Por ejemplo, podemos dar un celular a nuestros hijos, pero si no ponemos protección en ese celular de acuerdo con la madurez del niño o joven podremos estar entregando maldición y no bendición. Aprendimos esta lección con mucho dolor.

Otro ejemplo menos tangible es el dar oportunidades. Dar oportunidades a nuestros hijos para que crezcan, ganen nuestra confianza y desarrollen responsabilidad es algo que necesitamos hacer, pero si no somos sabios y astutos podremos ser engañados y terminar proveyendo oportunidades para que nuestros hijos caigan en las redes de la mentira, el alcohol, las drogas, la pornografía, relaciones sexuales impuras y muchos otros males con el potencial para destruir sus vidas. También, aprendimos esto con dolor.

Los padres necesitamos ser amorosos y dulces, pero también astutos y firmes.

> **MATEO 10:16 (LBLA)**
> *MIRAD, YO OS ENVÍO COMO OVEJAS EN MEDIO DE LOBOS; POR TANTO, SED ASTUTOS COMO LAS SERPIENTES E INOCENTES COMO LAS PALOMAS.*

Nuestra confianza debe estar puesta en Dios y no en nuestros hijos jóvenes que todavía no han probado con sus actos ser dignos de nuestra confianza. Por definición divina la necedad está ligada en el corazón de nuestros hijos. Ellos son tan pecadores como tú y como yo así que sé sabio y no confíes más de lo que debes.

> **PROVERBIOS 22:15**
> *LA NECEDAD ESTÁ LIGADA EN EL CORAZÓN DEL MUCHACHO; MAS LA VARA DE LA CORRECCIÓN LA ALEJARÁ DE ÉL.*

Si tus hijos te han mentido en ocasiones, no creas que porque les has dicho que mentir es malo ya no lo van a hacer más. Asegúrate de comprobar que las cosas que te dicen son ciertas hasta que hayan recuperado tu confianza. Pídele ayuda a Dios en esta tarea y si hay algo sobre lo que no tienes paz, no lo ignores.

Por otro lado, no tengas temor de bendecir a tus hijos con cosas que sabes que les gustarían y que Dios te confirma que son buenas para ellos. Conócelos y si ves que ellos se deleitan en agradarte se consecuente con eso y busca formas de darles los deseos de sus corazones. Eso hace nuestro Padre con nosotros. (Salmos 37:4)

Bendecir es muy diferente a consentir, mal criar o engreír. Si das a tus hijos lo que no se han ganado con su conducta y actitudes tendrás hijos consentidos que te avergonzarán y no te apreciarán por amor sino por conveniencia, por lo que pueden recibir de ti cuando te necesitan. Tendrás hijos rebeldes que crecerán resentidos por lo que no les distes e ingratos ante lo mucho que recibieron.

> **PROVERBIOS 29:15B**
> *MAS EL MUCHACHO CONSENTIDO AVERGONZARÁ A SU MADRE.*

Abriendo mi Corazón (Marialina)

Como mencioné anteriormente, durante mi infancia y adolescencia no tuve muchas cosas materiales. Siempre me gustaron las celebraciones de cumpleaños, pero nunca tuve una. Cuando me hice adulta, entendí que a mi madre no le gustaban las fiestas y también entendí que los recursos no sobraban. Sin embargo, crecí con esa carencia y no me sentí celebrada o amada a pesar de ser una hija que se esforzaba por agradar a sus padres. Perdoné a mis padres y las heridas fueron sanadas en Cristo. No obstante, quedaron mentiras en mi corazón que me llevaron a consentir a mis hijas mayores, a ser permisiva en muchas ocasiones o demasiado estricta en otras. También fui inocente y no astuta y prudente. Mientras escribo este libro vivo el dolor de las consecuencias de muchos de estos desaciertos, pero sé que para los que aman a Dios todas las cosas obran para bien. Así que mientras corrijo muchas de mis faltas, espero en Él con la certeza de saber que donde yo he sido débil, Él es fuerte y tiene misericordia de mí. Él pelea por mí y veré su gloria en mi descendencia porque fiel es quién ha prometido. Está es la sobrenaturalidad en la que vivimos los hijos de Dios y es por eso que lo necesitamos a Él en todo momento. Ora por tus hijos. En clamar al Padre por ayuda, mientras nos esforzamos por hacer nuestra tarea de padres, hay gran bendición. Él es nuestra esperanza en todo tiempo. Busca su guía y dirección; déjalo sanar tu corazón mientras peleas la buena batalla de la fe. Recuerda que tu lucha no es contra sangre y carne sino contra un enemigo espiritual que no puedes ver y que desea destruirte a ti y a tu descendencia, pero mucho más poderoso es el que está en ti que el que está en el mundo. **CREE, CONFIA y DESCANSA en Él**

Te comparto una de las promesas que he recibido de Dios:

> **ISAÍAS 49:25**
>
> *PERO ASÍ DICE JEHOVÁ: CIERTAMENTE EL CAUTIVO SERÁ RESCATADO DEL VALIENTE, Y EL BOTÍN SERÁ ARREBATADO AL TIRANO; Y TU PLEITO YO LO DEFENDERÉ, Y YO SALVARÉ A TUS HIJOS*

Jehová Sama: El Omnipresente - El Señor está allí y aquí (Ezequiel 48:35)

Nosotros no somos omnipresentes; no podemos estar en más de un lugar al mismo tiempo. Sin embargo, los padres podemos desarrollar tal relación con nuestros hijos que tengamos "omnipresencia" en sus corazones.

¿Cómo sé que tengo omnipresencia en el corazón de mi hijo/a?

El hijo/a siente que aunque papi y mami no están presentes físicamente están sus sabios consejos, sus palabras de afirmación y enseñanzas en su corazón. El amor de sus padres siempre lo acompaña porque vive en su corazón.

> **SALMOS 119:11**
>
> *EN MI CORAZÓN HE GUARDADO TUS DICHOS, PARA NO PECAR CONTRA TI.*

Es hermoso poder llegar a tener este tipo de relación con nuestros hijos. Una relación definida a través de un vínculo de amor. Los hijos que gozan de este privilegio se preguntarán: ¿Qué haría papá ante esta situación? ¿Cómo respondería mamá ante este problema?

Y esto no es falta de identidad o de criterio propio, por el contrario, esto es ser más como Jesús. Él se deleita en hacer la voluntad de su Padre. Y si tú y yo hacemos lo mismo, nuestros hijos podrán confiar en nosotros y vernos como modelos sanos de hijos de Dios. Nosotros no seremos perfectos mientras caminemos en esta tierra, pero podremos modelar una vida de compromiso con la verdad, misericordia y amor. Una vida que inspire a nuestros hijos y a otros a vivir en abundancia y a ser más como Jesús.

Desgraciadamente vivimos en una sociedad que promueve el egoísmo y el egocentrismo como parte de la realización personal del ser humano. Así que aun cuando te esfuerces al máximo por ser este tipo de padre que acabamos de describir puede que veas en tus hijos ingratitud, rechazo e indiferencia. No te desalientes. Nadie dijo que podías hacerlo solo, nadie dijo que tu ejemplo cambiaría el corazón de tus hijos. Tu conducta correcta es tu obediencia a Dios y tu satisfacción de saber que has hecho tu mejor esfuerzo. Él es quién cambia corazones y endereza veredas torcidas. Entrégale a Él tu casa, confía en Su fidelidad y amor y sigue trabajando con la certeza de que Él hará crecer las semillas que has plantado en los corazones de tus hijos y tu esfuerzo será recompensado.

Jehová Shalom: El Señor es nuestra Paz (Jueces 6:2)

Debemos transmitir paz a nuestros hijos. El Hogar debe ser un lugar de paz y no un campo de batalla en el que nadie puede descuidarse porque hay minas por todos lados y no sabemos en qué momento van a estallar o que las va a hacer detonar.

> **EFESIOS 6:4**
>
> *Y VOSOTROS, PADRES, NO PROVOQUÉIS A IRA A VUESTROS HIJOS, SINO CRIADLOS EN DISCIPLINA Y AMONESTACIÓN DEL SEÑOR.*
>
> **SALMOS 34:14**
>
> *APÁRTATE DEL MAL, Y HAZ EL BIEN; BUSCA LA PAZ, Y SÍGUELA.*

Un hogar lleno de paz es un lugar donde sus miembros pueden descansar y estar seguros. Un hogar lleno de paz es uno en el que quien guía es el Espíritu Santo y sus frutos son visibles y tangible.

Tu madurez como padre o madre y tus oraciones a Dios jugarán un papel esencial en lograr este objetivo porque el enemigo hará todo lo que pueda para que tu casa este en guerra y para que tus hijos lo escuchen más a él que a Dios y a ti.

A veces habrá conflictos que serán el resultado directo de tu inmadurez, otras veces serán consecuencia del pecado que mora en tus hijos y en ti, pero otras veces será el efecto mezquino de las mentiras y maquinaciones del enemigo cuya misión ya expusimos anteriormente.

Recuerda que mucho más poderoso es el que está en ti que el que está en el mundo. Ponte la armadura de Dios y pelea la buena batalla de la fe mientras permaneces en paz porque sabes que Jesús ya venció por ti.

La verdadera paz es un regalo de Dios y tendrás que aprender que significa. La verdadera paz es directamente proporcional a tu fe y a tu confianza en Jesús porque Él es el Príncipe de Paz.

Esa paz se manifiesta aun en medio de las pruebas más horribles porque no depende de ti, sino de aquel en quien has puesto tu confianza.

> **ISAÍAS 30:15**
>
> *PORQUE ASÍ DIJO JEHOVÁ EL SEÑOR, EL SANTO DE ISRAEL: EN DESCANSO Y EN REPOSO SERÉIS SALVOS; EN QUIETUD Y EN CONFIANZA SERÁ VUESTRA FORTALEZA. Y NO QUISISTEIS*

Muchas veces actuamos neciamente como nos describe el versículo anterior y nos desesperamos ante situaciones adversas en la vida de nuestros hijos. Gritamos, culpamos, peleamos, renegamos, ofendemos, nos deprimimos... y todo lo que Dios nos está pidiendo es que estemos quietos, confiemos en Él y lo dejemos obrar en sus corazones.

Las culpas por los errores del pasado y las altas expectativas del futuro son enemigos de la paz que Dios tiene para ti y para mí como padres. Él sabe los planes que tiene para nuestros hijos así que recibe su paz y no pongas tus ojos en lo que ves, sino en las promesas que tu Padre celestial te ha dado.

Estas son algunas de las nuestras y las compartimos contigo para que te apropies de la paz que ya has recibido y vivas en ella.

ISAÍAS 54:10

PORQUE LOS MONTES SE MOVERÁN, Y LOS COLLADOS TEMBLARÁN, PERO NO SE APARTARÁ DE TI MI MISERICORDIA, NI EL PACTO DE MI PAZ SE QUEBRANTARÁ, DIJO JEHOVÁ, EL QUE TIENE MISERICORDIA DE TI

JUAN 14:27

LA PAZ OS DEJO, MI PAZ OS DOY; YO NO OS LA DOY COMO EL MUNDO LA DA. NO SE TURBE VUESTRO CORAZÓN, NI TENGA MIEDO.

Jehová Tsidkenu: El Señor es nuestra Justicia (Jeremías 33:16)

Nuestro rol como padres exige justicia. Debemos esforzarnos por ser justos con nuestros hijos como el Padre es justo con nosotros. Necesitaremos de la justicia de Dios cuando juzguemos conflictos entre hermanos, cuando juzguemos las actitudes y comportamientos de cada hijo. No deberá haber preferencia en nuestro corazón por ninguno de nuestros hijos pues eso nos impedirá ser justos.

PROVERBIOS 24:23

TAMBIÉN ESTOS SON DICHOS DE LOS SABIOS: HACER ACEPCIÓN DE PERSONAS EN EL JUICIO NO ES BUENO.

LEVÍTICO 19:15

NO HARÁS INJUSTICIA EN EL JUICIO, NI FAVORECIENDO AL POBRE NI COMPLACIENDO AL GRANDE; CON JUSTICIA JUZGARÁS A TU PRÓJIMO.

Recuerda que un juicio justo dependerá de que estés en el Espíritu y no en la carne. Los juicios carnales nos llevan a la injusticia, la auto condenación[17] y a la destrucción, pero los juicios espirituales nos motivan a hacer la voluntad de Dios. De esta manera podremos corregir pecado y orar e interceder por otros con eficacia.

1 CORINTIOS 2:12-15

Y NOSOTROS NO HEMOS RECIBIDO EL ESPÍRITU DEL MUNDO, SINO EL ESPÍRITU QUE PROVIENE DE DIOS, PARA QUE SEPAMOS LO QUE DIOS NOS HA CONCEDIDO, LO CUAL TAMBIÉN HABLAMOS, NO CON PALABRAS ENSEÑADAS POR SABIDURÍA HUMANA, SINO CON LAS QUE ENSEÑA EL ESPÍRITU, ACOMODANDO LO ESPIRITUAL A LO ESPIRITUAL. PERO EL HOMBRE NATURAL NO PERCIBE LAS COSAS QUE SON DEL ESPÍRITU DE DIOS, PORQUE PARA ÉL SON LOCURA, Y NO LAS PUEDE ENTENDER, PORQUE SE HAN DE DISCERNIR ESPIRITUALMENTE. EN CAMBIO, EL ESPIRITUAL JUZGA TODAS LAS COSAS; PERO ÉL NO ES JUZGADO DE NADIE.

Otro aspecto importante que considerar para que seamos padres que actúan con justicia es como administramos la disciplina a nuestros hijos cuando esta es necesaria. La disciplina debe ser de acuerdo con el hecho. Disciplina desmedida es abuso. Si usas la disciplina para desahogar tu frustración o impotencia ante los pecados de tus hijos estarás actuando con egoísmo y no con misericordia por tanto aun cuando tengas la razón, el pecado no será corregido y muy

[17] Cuando emitimos juicios en la carne nos auto condenamos a repetir el error de aquellos a quienes enjuiciamos (Romanos 2:1) Si tienes dudas revisa este tema en el Capítulo 5

probablemente llevarás a tus hijos a la ira y no los motivarás al arrepentimiento.

Recuerda que en ti mismo no puedes ser justo así que ora a Dios para que Él te dé el discernimiento que necesitas para obrar justicia en Cristo. Recuerda además no juzgar la misma causa más de una vez. Dios perdona y olvida como aprendiste en el Capítulo cinco.

Abriendo Nuestros Corazones

Aprendimos esta gran verdad cuando ya habíamos cometido muchos errores en la crianza de nuestras hijas mayores. Después de haber dado la instrucción, queríamos que aprendieran para que no volvieran a equivocarse y les recordábamos sus errores pasados con la intención de que reaccionaran antes de volverlos a cometer; sin embargo, ahora podemos ver que no necesitaban una advertencia más necesitaban un límite sano y firme con el cual chocar para que pudieran aprender del error mismo, porque ya no habían querido aprender por instrucción. Fuimos injustos con ellas y con nosotros mismos porque no se puede ejercer la justicia donde las leyes a veces se enfuerzan y a veces no. El recordarles sus errores del pasado las hirió y no las motivó al arrepentimiento por el contrario creó un precedente de debilidad en los limite que trajo confusión y rebeldía.

Queremos aclarar que el evitarle las consecuencias del pecado a hijos que no se han arrepentido no es misericordia.

Podemos caer en el error de decir una y otra vez lo mismo esperando que ellos reaccionen mientras evitamos la disciplina porque nos duele más a nosotros que a ellos. Esto no es amor es temor. Cantaletear (repetir la misma instrucción una y otra vez acompañada de quejas, reclamos, maldiciones...) a nuestros hijos no es tener misericordia de ellos, es creer que no son suficientes como para aprender después de unas cuantas sesiones de instrucción y es ignorar el pecado que mora en ellos y que los motiva a la rebeldía y a la desobediencia.

Es muy cierto que la misericordia triunfa sobre el juicio.

SANTIAGO 2:13

PORQUE JUICIO SIN MISERICORDIA SE HARÁ CON AQUEL QUE NO HICIERE MISERICORDIA; Y LA MISERICORDIA TRIUNFA SOBRE EL JUICIO

Pero recuerda que esa misericordia es para todo aquel que se arrepiente de corazón de sus pecados; no está disponible para quienes usan la gracia como ocasión para el pecado.

HEBREOS 10:26-31

PORQUE SI PECÁREMOS VOLUNTARIAMENTE DESPUÉS DE HABER RECIBIDO EL CONOCIMIENTO DE LA VERDAD, YA NO QUEDA MÁS SACRIFICIO POR LOS PECADOS, SINO UNA HORRENDA EXPECTACIÓN DE JUICIO, Y DE HERVOR DE FUEGO QUE HA DE DEVORAR A LOS ADVERSARIOS. EL QUE VIOLA LA LEY DE MOISÉS, POR EL TESTIMONIO DE DOS O DE TRES TESTIGOS MUERE IRREMISIBLEMENTE. ¿CUÁNTO MAYOR CASTIGO PENSÁIS QUE MERECERÁ EL QUE PISOTEARE AL HIJO DE DIOS, Y TUVIERE POR INMUNDA LA SANGRE DEL PACTO EN LA CUAL FUE SANTIFICADO, E HICIERE AFRENTA AL ESPÍRITU DE GRACIA? PUES CONOCEMOS AL QUE DIJO: MÍA ES LA VENGANZA, YO DARÉ EL PAGO, DICE EL SEÑOR. Y OTRA VEZ: EL SEÑOR JUZGARÁ A SU PUEBLO. ¡HORRENDA COSA ES CAER EN MANOS DEL DIOS VIVO!

Si has dado oportunidades a tus hijos para que aprendan por instrucción y además has tenido misericordia de ellos cuando han venido a ti "arrepentidos" de sus errores, no demores la disciplina si continúan cometiendo el mismo error una y otra vez porque eso evidencia que no ha habido un arrepentimiento genuino y es mejor que experimenten el dolor de tu disciplina que el dolor que traerá el pecado a sus vidas.

Dios es bueno y es justo. En su bondad nos ofrece misericordia a todos a través del sacrificio de Jesús en la cruz. Su hijo unigénito cargó con nuestros pecados, con los pecados de toda la humanidad y se convirtió así en nuestro Salvador y Redentor. No tendremos que pagar por nuestros pecados si aceptamos a Jesús y nos arrepentimos del mal que hemos hecho, pero si no lo hacemos negamos la misericordia de Dios y entonces seremos juzgados y recibiremos lo que la ley demanda.

Si un hijo que ha recibido misericordia en el pasado, demanda un juicio severo contra uno de sus hermanos que ha cometido un pecado es probable que nunca se haya arrepentido de corazón por sus propios errores, fue falso cuando te pidió perdón, te manipuló o ha desarrollado una fortaleza de orgullo que ahora lo hace sentirse mejor y superior a su hermano. En ambos casos se necesitará sabiduría y estar en el Espíritu para poder discernir y actuar con justicia.

Jehová Sabaoth: El Señor de los Ejércitos (Isaías 1:24 & Salmos 46:7)

Así como Dios pelea por sus hijos, los Padres tenemos la responsabilidad de pelear por nuestros hijos y no contra nuestros hijos. Recordemos siempre que no tenemos lucha contra sangre y carne, sino contra principados contra potestades, contra los gobernadores de las tinieblas de este siglo, contra huestes espirituales de maldad en las regiones celestes. Pelea por tus hijos de rodillas en oración, declarando las promesas de Dios para sus vidas, creyendo en el plan de Dios para ellos y no en las mentiras que el enemigo quiere que creas por lo que ves con tus ojos carnales o por lo que no ves.

Isaías 31:4 dice así, "Jehová de los ejércitos descenderá a pelear" y ¿cómo pelea Dios?... amparando, librando, preservando y salvando.

Para todo esto necesitas permanecer en La Verdad. No hagas alianza con nadie, ni con nada que no represente a Dios. No busques ayuda en lugares mundanos o en "especialistas" del mundo. Busca ayuda primero en Cristo y en Él tendrás la victoria. Él te guiará a personas piadosas y maduras que no hablarán por su propia cuenta, sino que buscarán Su dirección para ayudarte, aconsejarte y confirmarte Su voluntad para la situación en cuestión que estes atravesando.

Cuando pensamos en esto recordamos un pasaje muy impactante en la palabra de Dios, la historia del Rey Asa que está en 2 de Crónicas, capítulo 16. Léela y verás lo que sucedió a este hombre cuando decidió poner su confianza en otros hombres en vez de pedir ayuda a Dios y poner primero su confianza en Él.

Aprendimos esta lección también con mucho dolor, pero agradecemos a Dios de todo corazón por permitirnos aprenderla porque ahora sabemos que es en verdad confiar en Él.

ISAÍAS 31:1

¡AY DE LOS QUE DESCIENDEN A EGIPTO POR AYUDA, Y CONFÍAN EN CABALLOS; Y SU ESPERANZA PONEN EN CARROS, PORQUE SON MUCHOS, Y EN JINETES, PORQUE SON VALIENTES; Y NO MIRAN AL SANTO DE ISRAEL, NI BUSCAN A JEHOVÁ!

Pelea por tus hijos creyendo, confiando y permaneciendo en Cristo; sometiéndote a Dios todos los días de tu vida y resistiendo al Diablo quien tendrá que huir. Así podrás disfrutar la victoria que ya ha sido ganada para ti.

Refúgiate en Dios en medio de las pruebas porque Él peleará tus batallas y traerá la victoria a tu vida si permaneces en obediencia. Recuerda que nada hay imposible para Él, nada hay difícil. Él ya venció y el acta de decretos que te era contraria fue anulada.

SALMOS 46:7

JEHOVÁ DE LOS EJÉRCITOS ESTÁ CON NOSOTROS;
NUESTRO REFUGIO ES EL DIOS DE JACOB

COLOSENSES 2:13-15

Y A VOSOTROS, ESTANDO MUERTOS EN PECADOS Y EN LA INCIRCUNCISIÓN DE VUESTRA CARNE, OS DIO VIDA JUNTAMENTE CON ÉL, PERDONÁNDOOS TODOS LOS PECADOS, ANULANDO EL ACTA DE LOS DECRETOS QUE HABÍA CONTRA NOSOTROS, QUE NOS ERA CONTRARIA, QUITÁNDOLA DE EN MEDIO Y CLAVÁNDOLA EN LA CRUZ, Y DESPOJANDO A LOS PRINCIPADOS Y A LAS POTESTADES, LOS EXHIBIÓ PÚBLICAMENTE, TRIUNFANDO SOBRE ELLOS EN LA CRUZ.

Jehová Rohi: El Señor es mi Pastor (Salmos 23:1)

Así como un buen pastor cuida de sus ovejas, un buen padre debe cuidar de sus hijos. ¿Cómo nos pide Dios que cuidemos de nuestros hijos en el rol como sus primeros pastores? Cuidar a nuestros hijos en el contexto de pastores implica alimentarlos y atenderlos. Eso fue lo que le dijo Jesús a Pedro cuando le encomendó a él sus ovejas.

JUAN 21:15-17

CUANDO HUBIERON COMIDO, JESÚS DIJO A SIMÓN PEDRO: SIMÓN, HIJO DE JONÁS, ¿ME AMAS MÁS QUE ESTOS? LE RESPONDIÓ: SÍ, SEÑOR; TÚ SABES QUE TE AMO. ÉL LE DIJO: APACIENTA MIS CORDEROS. VOLVIÓ A DECIRLE LA SEGUNDA VEZ: SIMÓN, HIJO DE JONÁS, ¿ME AMAS? PEDRO LE RESPONDIÓ: SÍ, SEÑOR; TÚ SABES QUE TE AMO. LE DIJO: PASTOREA MIS OVEJAS. LE DIJO LA TERCERA VEZ: SIMÓN, HIJO DE JONÁS, ¿ME AMAS? PEDRO SE ENTRISTECIÓ DE QUE LE DIJESE LA TERCERA VEZ: ¿ME AMAS? Y LE RESPONDIÓ: SEÑOR, TÚ LO SABES TODO; TÚ SABES QUE TE AMO. JESÚS LE DIJO: APACIENTA MIS OVEJAS.

Apacentar significa alimentar. Como padres somos responsables por alimentar a nuestros hijos desde que nacen hasta que llegan a la edad de adultos, pero no solamente alimentar sus cuerpos, sino también sus almas y espíritus con la palabra de Dios.

Pastorear quiere decir atender. Los padres somos responsables por atender a nuestros hijos. Atender a sus necesidades físicas, emocionales y espirituales. La responsabilidad es muy grande, pero también lo es el gozo de ver crecer a un ser humano sabiendo que algo de ti vive en él.

Otra de las tareas importantes de un pastor es guiar a su rebaño. La voz del pastor debe ser escuchada en todo tiempo y reconocida por sus ovejas.

Sus hijos deben escuchar su voz y seguirlo en amor no en opresión. Necesitarás madures para hacer este trabajo, si no puedes cuidarte a ti mismo no podrás con esta responsabilidad.

La familia no es una dictadura, nuestros hijos, así como las ovejas, deben ser guiados con amor. Tanto la disciplina como el cuidado deben infundir aliento y no desanimo o destrucción.

Un buen pastor sale a buscar la oveja perdida; también un buen padre debe salir a buscar a sus hijos cuando estos se encuentran perdidos. Sin embargo, hay un límite para nosotros en esta función y es que una vez que nuestros hijos son adultos y viven independientes pasan a la cobertura de Dios y es Jesús quien hará este trabajo. ¡Él es el buen Pastor!

Ser Padres es ejercer liderazgo en AMOR. Es usar la vara y el cayado del pastor de acuerdo con las necesidades de nuestros hijos. Recuerda, la disciplina es parte del amor y también lo es la misericordia, Ambas son necesarias para criar hijos sanos.

SALMOS 23:4

AUNQUE ANDE EN VALLE DE SOMBRA DE MUERTE,
NO TEMERÉ MAL ALGUNO, PORQUE TÚ ESTARÁS CONMIGO;
TU VARA Y TU CAYADO ME INFUNDIRÁN ALIENTO.

¿Recuerdas al Padre del hijo pródigo? Él no salió a buscar a su hijo, pero esperaba que regresara. Eso es fe. Si tienes un pródigo o pródigos en tu familia necesitas tener fe y esperar en Dios. ¡Él hará lo que sólo Él puede hacer! Tu espera puede ser un tiempo de crecimiento preparándote para cuando veas a tu hijo o hijos regresar.

Jehová Mekaddesh: El Señor que Santifica (Levítico 20:8, Ezequiel 37:28)

Santificar es dedicar – separar para Dios, Consagrar a Él todo lo nuestro. Debemos dedicar nuestros hijos a Dios como lo hicieron María y José los padres terrenales de Jesús cuando lo trajeron al templo para presentarlo ante su Padre Celestial.

LUCAS 2:21-23

CUMPLIDOS LOS OCHO DÍAS PARA CIRCUNCIDAR AL NIÑO, LE PUSIERON POR NOMBRE JESÚS, EL CUAL LE HABÍA SIDO PUESTO POR EL ÁNGEL ANTES QUE FUESE CONCEBIDO. Y CUANDO SE CUMPLIERON LOS DÍAS DE LA PURIFICACIÓN DE ELLOS, CONFORME A LA LEY DE MOISÉS, LE TRAJERON A JERUSALÉN PARA PRESENTARLE AL SEÑOR (COMO ESTÁ ESCRITO EN LA LEY DEL SEÑOR: TODO VARÓN QUE ABRIERE LA MATRIZ SERÁ LLAMADO SANTO AL SEÑOR)

Ya no vivimos bajo la ley; sin embargo, todos necesitamos ser santificados por Dios. Si no hiciste este acto de fe y le entregaste a Dios la vida de tus hijos desde su concepción o en sus primeros años, aún estas a tiempo. Haz una oración a Dios dando gracias por el privilegio de ser padre/madre y al mismo tiempo reconociendo tu naturaleza pecadora y tu necesidad de Él para cumplir con esta responsabilidad tan grande. Pídele que atraiga a tus hijos a Él con cuerdas de amor y que los santifique para que sus vidas den gloria y honra a Su nombre.

Ten en cuenta que nuestros hijos no fueron creados para satisfacernos o cumplir nuestros propios caprichos. No fueron creados para hacer lo que nos parece mejor para ellos, ni para cumplir nuestro plan y anhelos egoístas para sus vidas.

Fueron creados con un propósito divino y nuestra labor es ayudarlos a cumplir ese propósito de Dios. Ayudarlos a ser todo lo que Dios los creó para ser.

Jehová Nisi : YO SOY tu bandera, tu estandarte. (Éxodo 17:15)

Este nombre conmemora la victoria en el desierto sobre los Amalecitas y define a Dios como la insignia de su pueblo. En Él está su identidad y su victoria.

Como padres nosotros afectamos para bien o para mal la identidad de nuestros hijos y también somos parte de sus victorias o derrotas. Dirigir a nuestros hijos hacia Cristo quien los lleva al Padre Celestial debe ser nuestra meta y propósito como sus padres. Sólo en una relación con Él podrán encontrar su verdadera identidad. Si Dios es nuestra bandera entonces también será la bandera de nuestros hijos. Si Dios nos define como individuos y si en Él encontramos nuestra identidad como sus hijos amados, entonces esta será la semilla que se siembre en el corazón de nuestros hijos y aun cuando fueren viejos no se apartará de ellos. Quizás pierdan el rumbo en algún momento de sus vidas, pero sabrán a donde regresar porque conocen su bandera. Aun el enemigo en algún momento los rechazará como rechazaron los príncipes de los filisteos a David (1 Samuel 29) porque la insignia de Dios estará en ellos y sabrán a quien pertenecen.

Jehová-Rafa: YO SOY tu sanador, El Señor que Sana (Éxodo 15:26)

Él es el que sana tanto el cuerpo como el alma. Se manifiesta en el cuerpo, preservando de y curando enfermedades y en el alma perdonando nuestras iniquidades.

Es hermoso ver a los niños pequeños correr a sus padres entre lágrimas y gritos cuando se han lesionado. También es hermoso ver a los padres correr a salvar a sus hijos de peligros que puedan lesionarlos o correr a auxiliarlos y consolarlos cuando ya el daño está hecho. Es nuestra responsabilidad preservar la vida de nuestros hijos y lo hacemos de muchas maneras. A veces será llevándolos a la cita anual con su pediatra y otras veces será abrazándolos, escuchándolos o aconsejándolos mientras lloran por alguna perdida o pasan por el dolor de la crianza de sus propios hijos. En todos los casos no podemos sanar a nuestros hijos, pero si podemos ser instrumentos de Dios para que la sanidad ocurra.

> **PROVERBIOS 12:18**
>
> *HAY HOMBRES CUYAS PALABRAS SON COMO GOLPES DE ESPADA; MAS LA LENGUA DE LOS SABIOS ES MEDICINA.*

> **PROVERBIOS 16:24**
>
> *PANAL DE MIEL SON LOS DICHOS SUAVES; SUAVIDAD AL ALMA Y MEDICINA PARA LOS HUESOS.*

La obediencia de tus hijos a ti será salud para ellos. En someterte a Dios enseñarás a tus hijos a someterte a ti y tendrás la sabiduría para poner reglas que sean de bendición para sus vidas porque pondrás esas reglas en amor y no en ira o egoísmo. Tus reglas los preservarán de peligros mas no los limitarán, ni les impedirán ser todo lo que fueron creados para ser.

Que tus acciones y palabras estén guiadas por Dios y llenas de amor para que puedas ser instrumento en las manos de Jehová Rafa para sanar a tus hijos. Si tú confías en Dios y lo modelas a tus hijos, ellos serán bendecidos y motivados a confiar en aquel que sana, en aquel para quien nada es imposible, ni difícil.

> **PROVERBIOS 4:20-22**
>
> *HIJO MÍO, ESTÁ ATENTO A MIS PALABRAS; INCLINA TU OÍDO A MIS RAZONES. NO SE APARTEN DE TUS OJOS; GUÁRDALAS EN MEDIO DE TU CORAZÓN; PORQUE SON VIDA A LOS QUE LAS HALLAN, Y MEDICINA A TODO SU CUERPO.*

EL, ELOAH, ELOEH: Dios Poderoso, Fuerte, Prominente (Génesis 33:20 Isaías 9:6)

Etimológicamente, EL parece significar “poder;” pero también está relacionado con otras cualidades como integridad (Números 23:19), celo (Deuteronomio 5:9), y compasión (Nehemías 9:31), pero la idea de la raíz original de poderoso, permanece.

Cuando Dios nos escoge para ser los padres de nuestros hijos nos está dando un poder que nadie más tendrá sobre ellos. Ese poder debiera estar acompañado de integridad, celo por sus vidas y compasión. Tristemente el pecado en nosotros afecta estas otras cualidades que debieran estar entrelazadas al poder para que sea usado conforme al plan de Dios para sus vidas y no conforme a nuestros caprichos, egoísmos y frivolidades.

Quizás leyendo este libro has podido darte cuenta de algunos de los errores que cometiste como padre/madre al usar el poder que recibiste de Dios. No te desalientes, Dios te ama y ama a tus hijos. Humíllate ante Él, pídele perdón y deja que su amor te guie a la restauración de tu relación con tus hijos. Recuerda que Dios nunca llega tarde. Así que siempre hay esperanza para los que en Él confían.

ELOHIM: Dios creador, todopoderoso y fuerte. (Génesis 17:7 & Jeremías 31:33)

Esta es la forma plural de Eloah y se usa para tres o más por lo tanto es esta forma la que muestra la naturaleza trina de Dios (Padre, Hijo y Espíritu Santo) Desde la primera frase en las Escrituras, se hace evidente la superlativa naturaleza del poder de Dios cuando Elohim habla para que el mundo exista. (Génesis 1:1)

Este mismo nombre es usado cuando se nos describe la creación del hombre el sexto día.

GÉNESIS 1:26

ENTONCES DIJO DIOS: HAGAMOS AL HOMBRE A NUESTRA IMAGEN, CONFORME A NUESTRA SEMEJANZA

Sabemos que el hombre es un ser trino con cuerpo, alma y un espíritu. Sin embargo, no se habla mucho de la familia, la primera institución creada por Dios, como una entidad trina que también refleja la naturaleza de Dios. Al unir a un hombre y a una mujer con el privilegio y la responsabilidad de ser usados para dar vida, Dios creó una institución sagrada compuesta por el padre, la madre y los hijos, tres roles que reflejan la naturaleza misma del creador. Tres roles con diferentes responsabilidades, pero todos importantes dentro de la institución.

Aquellos que quieren definir a la familia como algo diferente a esto, no sólo van en contra del diseño biológico de Dios, sino también en contra de la naturaleza misma del creador.

GÉNESIS 1:27-28

Y CREÓ DIOS AL HOMBRE A SU IMAGEN, A IMAGEN DE DIOS LO CREÓ; VARÓN Y HEMBRA LOS CREÓ. Y LOS BENDIJO DIOS, Y LES DIJO: FRUCTIFICAD Y MULTIPLICAOS; LLENAD LA TIERRA, Y SOJUZGADLA, Y SEÑOREAD EN LOS PECES DEL MAR, EN LAS AVES DE LOS CIELOS, Y EN TODAS LAS BESTIAS QUE SE MUEVEN SOBRE LA TIERRA.

MATEO 19:4-6

ÉL, RESPONDIENDO, LES DIJO: ¿NO HABÉIS LEÍDO QUE EL QUE LOS HIZO AL PRINCIPIO, VARÓN Y HEMBRA LOS HIZO, Y DIJO: POR ESTO EL HOMBRE DEJARÁ PADRE Y MADRE, Y SE UNIRÁ A SU MUJER, Y LOS DOS SERÁN UNA SOLA CARNE? ASÍ QUE NO SON YA MÁS DOS, SINO UNA SOLA CARNE; POR TANTO, LO QUE DIOS JUNTÓ, NO LO SEPARE EL HOMBRE.

Combinaciones de EL

EL Shaddai: Dios Todopoderoso, El Fuerte de Jacob (Genesis 49:24, Salmos 132:2, 5)

Cuando tus hijos son pequeños te verán como la máxima expresión de poder. Tú serás su super héroe y creerán que a tu lado están seguros y nada ni nadie podrá hacerles daño. Con el tiempo, aprenderán que eres limitado y además imperfecto. También se darán cuenta de que no siempre vas a poder protegerlos del mal; más aun, van a darse cuenta de que el mal también mora en ti porque tu eres tan pecador como cualquier otro mortal.

Aun así, hay un poder asombroso en cada padre y madre que nos distingue del resto de los seres humanos ante nuestros hijos. Ese poder viene de Dios y viene del hecho mismo de que Él nos ha entregado las vidas de nuestros hijos para que seamos buenos administradores de lo que es suyo.

Sólo en una relación íntima con nuestro Padre Celestial podremos ejercer este poder con misericordia y verdad dejando que Su sabiduría nos guíe para ser padres que construyen en la vida de sus hijos. Padres firmes y amorosos que preparan a sus hijos para una vida de dependencia en Dios.

EL Elyon: El Altísimo (Deuteronomio 26:19)

Tus hijos deben ver en ti un standard alto de conducta. ¿Qué te eleva? ¿Qué hace que seas exaltado?

¡LA HUMILDAD!

Donde no hay humildad nunca habrá exaltación genuina, verdadera.

Como padres creemos que si nuestros hijos ven nuestras debilidades, no nos respetarán, ni nos admirarán, pero eso es una de las tantas mentiras que le hemos creído a Satanás quien nos motiva al orgullo y a la soberbia para alejarnos de Dios y convertirnos en presas fáciles con sus maquinaciones y artimañas.

ISAÍAS 57:15

PORQUE ASÍ DIJO EL ALTO Y SUBLIME, EL QUE HABITA LA ETERNIDAD, Y CUYO NOMBRE ES EL SANTO: YO HABITO EN LA ALTURA Y LA SANTIDAD, Y CON EL QUEBRANTADO Y HUMILDE DE ESPÍRITU, PARA HACER VIVIR EL ESPÍRITU DE LOS HUMILDES, Y PARA VIVIFICAR EL CORAZÓN DE LOS QUEBRANTADOS.

Cuando un padre conoce esta verdad y vive en ella, permanece en todo tiempo rendido a la voluntad de Dios para él y para su descendencia.

JOB 5:11

QUE PONE A LOS HUMILDES EN ALTURA, Y A LOS ENLUTADOS LEVANTA A SEGURIDAD

SALMOS 147:6

JEHOVÁ EXALTA A LOS HUMILDES, Y HUMILLA A LOS IMPÍOS HASTA LA TIERRA.

PROVERBIOS 29:23

LA SOBERBIA DEL HOMBRE LE ABATE; PERO AL HUMILDE DE ESPÍRITU SUSTENTA LA HONRA.

La humildad nos acerca a Dios y nos enseña a depender de Él para pelear las batallas de la vida incluyendo aquellas que peleamos por nuestros hijos. La humildad nos sitúa en una posición muy privilegiada en donde hay plenitud de gozo y toda bendición; nos sitúa en la presencia de Dios.

Para ser los mejores padres que podemos ser como humanos imperfectos necesitaremos de la gracia, sabiduría y poder de Dios. No te exaltes a ti mismo, ni creas que lo bueno que ves en tus hijos es porque tú lo has hecho. Dale la gloria y la honra a Dios y reconoce con humildad que si Jehová no edifica la casa en vano trabajan los que la edifican.

SALMOS 127:1

SI JEHOVÁ NO EDIFICARE LA CASA, EN VANO TRABAJAN LOS QUE LA EDIFICAN; SI JEHOVÁ NO GUARDARE LA CIUDAD, EN VANO VELA LA GUARDIA.

La humildad es la condición indispensable para que podamos ser exaltados no por nuestros propios méritos, sino por la gracia y la misericordia de Dios en nuestras vidas.

LUCAS 1:52

QUITÓ DE LOS TRONOS A LOS PODEROSOS, Y EXALTÓ A LOS HUMILDES

La humildad nos motiva a tener siempre un corazón enseñable, un corazón que está dispuesto a escuchar a otros no con una actitud defensiva o acusadora, sino con un deseo genuino de recibir de otros y de conocer sus pensamientos y emociones más sinceras.

1 PEDRO 5:5

IGUALMENTE, JÓVENES, ESTAD SUJETOS A LOS ANCIANOS; Y TODOS, SUMISOS UNOS A OTROS, REVESTÍOS DE HUMILDAD; PORQUE: DIOS RESISTE A LOS SOBERBIOS, Y DA GRACIA A LOS HUMILDES.

COLOSENSES 3:12

VESTÍOS, PUES, COMO ESCOGIDOS DE DIOS, SANTOS Y AMADOS, DE ENTRAÑABLE MISERICORDIA, DE BENIGNIDAD, DE HUMILDAD, DE MANSEDUMBRE, DE PACIENCIA

FILIPENSES 2:3

NADA HAGÁIS POR CONTIENDA O POR VANAGLORIA; ANTES BIEN CON HUMILDAD, ESTIMANDO CADA UNO A LOS DEMÁS COMO SUPERIORES A ÉL MISMO

EFESIOS 4:2

CON TODA HUMILDAD Y MANSEDUMBRE, SOPORTÁNDOOS CON PACIENCIA LOS UNOS A LOS OTROS EN AMOR

El Roi: El Dios que me ve (Génesis 16:13)

Dios es un Padre que ve, que observa a sus hijos, que está pendiente y nota sus emociones, sus necesidades, sus anhelos. Como padres necesitamos observar a nuestros hijos, ver sus actitudes, sus comportamientos, sus deseos, poder ver sus tristezas y también aquellas cosas que les dan gozo y alegría. Hagar dijo: "Jehová vio mi aflicción".

No ignores la conducta de tus hijos, no le eches la culpa a la edad. Presta atención a los mensajes que te envían a través de sus palabras, gestos, actitudes y amistades. Todo tiene una razón de ser a sí que busca las causas.

David escogió ignorar el pecado de un hijo y el dolor de otros y pagó un alto precio por ello. Recuerda que tus hijos pelean con el mismo enemigo que peleas tú. Se sabio y no desconozcas las maquinaciones de quien quiere destruirte a ti y a tu descendencia.

Recuerda pedir ayuda a Dios porque no puedes ver el corazón de tus hijos, pero Él sí. Clama a Él y pídele que te revele lo que no puedes ver. Que te muestre lo que esté oculto a tus ojos, pero que Él ya sabe porque todo lo ve. No dudes en preguntarle que es lo que pasa cuando sientes en tu corazón que tus hijos están ocultando algo o hay algo que les preocupa y no quieren hablarlo contigo quizás por pena, vergüenza o por temor.

Tampoco dudes en pedirle ayuda cuando quieres agasajarlos y celebrar sus vidas. Dios te ayudará a que puedas tocar sus corazones con detalles, frases, regalos o muestras de cariño en general que crearán en el corazón de tus hijos memorias llenas de gozo.

Abriendo Nuestros Corazones

Cuando cada una de nuestras tres hijas mayores cumplieron sus quince años le pedimos a Dios que pudiéramos celebrar sus vidas de manera especial y que fuera significativo para cada una con sus diferentes gustos, personalidades y temperamentos. Fue hermoso sorprender a Daniela con una cena especial que incluía como invitados a su mamá, padrastro y abuelita materna y que comenzó con su mejor amiga saliendo del closet de nuestro cuarto mientras ella escogía el atuendo que usaría para la ocasión que estaba llena de sorpresas. Pudimos ver en el rostro de nuestra hija su gratitud y gozo por todos los detalles de esa noche que abrió la puerta a una mejor relación entre sus dos familias.

Con Alina preparamos un viaje del que regresamos muy agradecidos con Dios al escuchar a nuestra hija decirnos: "Yo volveré a este lugar, pero papi y mami esta siempre va a ser la mejor de todas las veces que venga."

Annette quiso una gran fiesta y Dios nos dio el gozo y el privilegio de poder celebrar sus quince años rodeados de familiares y amigos en un lugar precioso. También de ella recibimos el gozo de escuchar: "Mi fiesta fue todo lo que yo anhelaba, si pudiera cambiarla por otra cosa no lo haría."

Solo Dios pudo hacer esto y guiarnos de tal manera que nuestras hijas se sintieran amadas y celebradas. Él se encargó de todo incluyendo proveer los recursos económicos para poder darle a nuestras hijas los deseos de sus corazones.

Sin embargo, no fuimos tan acertados con las actitudes negativas que muchas veces vimos en nuestras hijas y no enfrentamos como debíamos. Nos faltó astucia para pelear la guerra espiritual que vino contra nosotros y contra ellas cuando fuimos llamados al ministerio. El enemigo nos engañó con la culpa; nos confundió con acusaciones falsas e infundió temor en nuestros corazones para que dudáramos de aquello que el Espíritu Santo nos mostraba.

Fuimos padres débiles y no firmes. Nuestra esperanza es que Dios tiene misericordia de sus hijos y donde somos débiles Él se hace fuerte y nos muestra su grandeza y gloria.

El Olam: EL Dios Eterno (Salmo 90:1-3)

Dios te dio la tarea de ser padre o madre a tu hijos y hay eternidad en esa relación porque fue establecida por Dios. No importa lo que hagan o dejen de hacer nuestros hijos; no importa como son tus hijos, ni tu relación con ellos eres su padre o su madre por voluntad de Dios, esa voluntad que es buena, agradable y perfecta, aunque muchas veces no nos parezca.

La Paternidad es un VINCULO ETERNO entre el alma y el espíritu de los hijos con sus padres y de los padres con sus hijos. Es un vínculo de la carne que solo termina cuando volvemos al polvo. Nuestra calidad de vida en esta tierra está relacionada con la manera que como hijos nos comportamos ante este vínculo.

DEUTERONOMIO 5:16

HONRA A TU PADRE Y A TU MADRE, COMO JEHOVÁ TU DIOS TE HA MANDADO, PARA QUE SEAN PROLONGADOS TUS DÍAS, Y PARA QUE TE VAYA BIEN SOBRE LA TIERRA QUE JEHOVÁ TU DIOS TE DA.

Por diseño de Dios, pasamos a nuestros hijos la información genética que está en nosotros. Pasamos bendiciones y también maldiciones.

Ni ellos ni tú podrán cambiar el hecho de que son tus hijos y tú eres su padre/madre. Sin embargo, en Jesucristo si pueden ser rotas todas esas maldiciones que vienen de generaciones anteriores sobre nuestras vidas. Confiar en Cristo nos hace nuevas criaturas a través de un nacimiento espiritual que ahora nos da el privilegio de ser miembros de la familia de Dios. Nos hace sus hijos.

DEUTERONOMIO 5:9-10

NO TE INCLINARÁS A ELLAS NI LAS SERVIRÁS; PORQUE YO SOY JEHOVÁ TU DIOS, FUERTE, CELOSO, QUE VISITO LA MALDAD DE LOS PADRES SOBRE LOS HIJOS HASTA LA TERCERA Y CUARTA GENERACIÓN DE LOS QUE ME ABORRECEN, Y QUE HAGO MISERICORDIA A MILLARES, A LOS QUE ME AMAN Y GUARDAN MIS MANDAMIENTOS

Dios nos ha amado con amor eterno y así debemos nosotros amar a nuestros hijos a pesar de que estamos en cuerpos finitos. 1 de Corintios nos recuerda que el amor nunca deja de ser y ese es el amor que Dios ha depositado en nuestros corazones. Ese amor es Dios mismo que vive en nosotros por la salvación que hemos recibido.

JEREMÍAS 31:3

JEHOVÁ SE MANIFESTÓ A MÍ HACE YA MUCHO TIEMPO, DICIENDO: CON AMOR ETERNO TE HE AMADO; POR TANTO, TE PROLONGUÉ MI MISERICORDIA.

El Gibhor: Dios Fuerte (Isaías 9:6)

Necesitamos fuerza para ser padres. No podemos ser buenos padres si somos débiles, si ante cualquier situación caemos en depresión, o respondemos con ira. No podemos ser buenos padres si cuando tenemos problemas buscamos refugio en las adicciones, o abandonamos la tarea que Dios nos ha dado. Nuestros hijos necesitan padres que pongan su confianza en Dios, que no caigan fácilmente ante cualquier ataque del enemigo, que no tengan temor a criar en disciplina y amonestación de Dios. Padres que no se den por vencidos al primer berrinche o al primer fracaso. Padres que amen y que estén dispuestos a aceptar el reto de ser Padres. Esto no quiere decir que dependamos de nosotros mismos sino de Dios.

Nuestros hijos necesitan padres; no verdugos, no críticos, no apañadores, no tapadores de mentiras, no jefes, no sirvientes, no fiscales, no abogados, no jueces, no maldecidores, no adoradores, no co-dependientes, no adictos, no ignorantes de la voluntad de Dios .... Nuestros hijos necesitan Padres que los enseñen a amar y a temer a Dios.

John Bevere, ministro internacional y autor más vendido, conocido por su audaz mensaje del evangelio y su veracidad al compartir la palabra de Dios, resume estas dos cosas magistralmente en la siguiente frase: "El amor de Dios nos atrae a Él, el temor de Dios nos mantiene a su lado. Vivimos en un mundo donde el ego capta la atención de las personas, pero es la modestia la que produce resultados; donde la arrogancia acapara los titulares, pero es la humildad la que sigue haciendo la diferencia. El temor de Dios no es tenerle miedo a Dios, sino es tener miedo de estar separados de Él."

Temer a Dios es depender de Él y confiar en Él. Entender que separados de Él nada podemos hacer. Si logras modelar y enseñar esto a tus hijos, minimizarás los chances del enemigo de alejarlos de El Camino.

> **SALMOS 9:10**
> *EN TI CONFIARÁN LOS QUE CONOCEN TU NOMBRE, POR CUANTO TÚ, OH JEHOVÁ, NO DESAMPARASTE A LOS QUE TE BUSCARON.*

Este es un contexto muy exigente porque a menudo confundimos el ser fuertes con el ser duros y a veces nos aliamos con Satanás para destruir a nuestros hijos en vez de mantenernos firmes en Cristo y en la fortaleza de Su Poder. La fuerza de la que queremos hablarte es tu FE, a la que por las siglas definiremos como:

F ortaleza

E spiritual

Este tipo de fortaleza te mantiene firme ante cualquier embate del enemigo, ante cualquier circunstancia adversa incluyendo desde una enfermedad mortal hasta el rechazo de tus hijos en rebeldía.

Esta fortaleza no te invita a hacer las cosas en tu propia prudencia, ni en tus propias fuerzas sino te recuerda todo el tiempo que no es con ejército, ni con fuerza sino con Su Santo Espíritu. Te invita a un reposo activo en el que cesas de apagar fuegos y dejas a Dios tomar el control de todo incluso de tus propios temores. Esta fortaleza viene de la fuerza interior que te da el saberte amado y perdonado por Dios. Viene de tener a Dios como Señor de tu vida y dejarlo dirigirla. Esta fortaleza nada tiene que ver con las fortalezas de las que hablamos en el capítulo 5, estas eran estructuras de pensamiento, murallas, obstáculos.. que te impiden conocer a Dios. Esta fortaleza de la que hablamos aquí es fuerza que viene del Espíritu de Dios en nosotros que nos ayuda a permanecer en fe, firmes en Cristo, viene de convertir a Dios en nuestro lugar seguro, nuestro refugio, nuestra fortaleza.

Examen del Corazón

¿Después de examinar los nombres de Dios y lo que ellos nos enseñan a los padres que opinas de ti mismo como padre o como madre?

¿Qué características de Dios Padre te han impresionado más?

¿Crees que necesitas la ayuda de Dios para ser un mejor padre o madre a

tus hijos?

¿Hay cosas por las que has recibido convicción de pecado y por las que debes pedir perdón a Dios y a tus hijos?

Si la respuesta a la pregunta anterior es si, dispón tu corazón a humillarte y cuanto antes pide perdón a Dios y a tus hijos.

Mirar a nuestro Padre Celestial nos sitúa en una perspectiva más objetiva para definir el rol de padre y madre como:

P rocrear	**M** orir
A mar	**A** mar
D isciplinar	**D** isciplinar
R espetar	**R** espetar
E nseñar y esperar	**E** nseñar y esperar
S oltar	**S** oltar

Hay una sola letra que distingue a la palabra Madre de la Palabra Padre pero esta letra es muy significativa porque nos revela algo muy profundo. Cuando damos vida a otro ser humano vamos a necesitar Morir al yo.

Las madres por lo general son la que más nos demuestran esta cualidad. Desde que el bebé empieza a crecer en su vientre ella comienza a experimentar cambios significativos en su cuerpo. Siente malestares estomacales, mareos, pierde la forma que muchas veces cuidó con esmero hasta llegar a un dolor tan grande que pocos serian capaces de soportar en otras circunstancias, pero que en este caso da paso al gozo y a la plenitud de dar vida a una ser humano que es carne de su carne y huesos de sus huesos.

Posteriormente ambos padres deberán sacrificar de su tiempo, de sus recursos y de si mismos para criar ese hijo hasta verlo convertirse en un adulto. Es ahí que llega el tiempo de Soltar para permitirles situarse bajo la cobertura de Dios. A Él tendrán que obedecer por el resto de sus vidas si anhelan ser sabios y vivir en abundancia y paz.

En este capítulo te exhortamos a verte como padre o madre a tus hijos biológicos y espirituales. Así que revisaremos la tabla de responsabilidades que te presentamos en el capitulo cinco para ahora profundizar en las tareas que debieran cumplir los padres.

Responsabilidades de Padre y Madre

1. Proveer lo que nuestros hijos necesitan para crecer y desarrollarse.

Explicamos este concepto cuando lo relacionamos a Jehová Jireh. Proveer para nuestros hijos implica muchos sacrificios y un gran esfuerzo.

1 TIMOTEO 5:8

PORQUE SI ALGUNO NO PROVEE PARA LOS SUYOS, Y MAYORMENTE PARA LOS DE SU CASA, HA NEGADO LA FE, Y ES PEOR QUE UN INCRÉDULO.

2. Instruir a sus hijos en el camino

PROVERBIOS 22:6

INSTRUYE AL NIÑO EN SU CAMINO, Y AUN CUANDO FUERE VIEJO NO SE APARTARÁ DE ÉL.

Quiere decir que, si vivimos en El camino, en La Verdad no de oídas, sino en la práctica diaria, entonces el niño crecerá en este camino y rodeado de verdad y no lo olvidará. Lo que no se apartará del niño aun cuando fuere viejo es la instrucción que sembramos en su corazón.

SALMOS 78:5-7

EL ESTABLECIÓ TESTIMONIO EN JACOB, Y PUSO LEY EN ISRAEL, LA CUAL MANDÓ A NUESTROS PADRES QUE LA NOTIFICASEN A SUS HIJOS; PARA QUE LO SEPA LA GENERACIÓN VENIDERA, Y LOS HIJOS QUE NACERÁN; Y LOS QUE SE LEVANTARÁN LO CUENTEN A SUS HIJOS, A FIN DE QUE PONGAN EN DIOS SU CONFIANZA, Y NO SE OLVIDEN DE LAS OBRAS DE DIOS; QUE GUARDEN SUS MANDAMIENTOS

3. No llevar a los hijos a la ira

COLOSENSES 3:21

PADRES, NO EXASPERÉIS A VUESTROS HIJOS, PARA QUE NO SE DESALIENTEN.

EFESIOS 6:4

Y VOSOTROS, PADRES, NO PROVOQUÉIS A IRA A VUESTROS HIJOS....

Hay muchas maneras en que podemos provocar la ira en nuestros hijos. Y necesitamos ser conscientes de que esto es pecado ante los ojos de Dios y traerá consecuencias negativas a nuestros hogares:

- **Falta de Armonía Matrimonial**

Ocurre cuando un esposo y su esposa no desarrollan el ser "una sola carne," la intimidad que fue diseñada por Dios (Génesis 2:24). Cuando el hijo observa amargura en los padres, es susceptible a adquirir pensamientos de amargura, motivos, actitudes y acciones que ha visto como ejemplo en ellos.

HEBREOS 12:15

MIRAD BIEN DE QUE NADIE DEJE DE ALCANZAR LA GRACIA DE DIOS; DE QUE NINGUNA RAÍZ DE AMARGURA, BROTANDO, CAUSE DIFICULTADES Y POR ELLA MUCHOS SEAN CONTAMINADOS.

- **Tono iracundo en la comunicación de los padres entre ellos y con sus hijos.**

Niños que regularmente observan ejemplos de ira en la comunicación a menudo crecen sin haber tenido los recursos bíblicos necesarios con los cuales podrán resolver conflictos y problemas personales. La ira de los padres entre ellos provocará la ira de los hijos. El tono de voz iracundo de los padres afectará la manera en que sus hijos se comuniquen con otros.

PROVERBIOS 22:24-25

NO TE ENTREMETAS CON EL IRACUNDO, NI TE ACOMPAÑES CON EL HOMBRE DE

ENOJOS, NO SEA QUE APRENDAS SUS MANERAS, Y TOMES LAZO PARA TU ALMA.

• Disciplinar consistentemente bajo ira.

Disciplinar con enojo puede ser percibido por tu hijo como un ataque personal. El énfasis de su pensamiento y el de la disciplina a aplicarse debería ser en línea con lo que su hijo ha hecho y en ese momento recibe corrección y guía.

EFESIOS 4:26-27

AIRAOS, PERO NO PEQUÉIS; NO SE PONGA EL SOL SOBRE VUESTRO ENOJO, NI DEIS LUGAR AL DIABLO.

SANTIAGO 1:19-20

MIS QUERIDOS HERMANOS, PONGAN ATENCIÓN A ESTO QUE LES VOY A DECIR: TODOS DEBEN ESTAR SIEMPRE DISPUESTOS A ESCUCHAR A LOS DEMÁS, PERO NO DISPUESTOS A ENOJARSE Y HABLAR MUCHO. PORQUE LA GENTE VIOLENTA NO PUEDE HACER LO QUE DIOS QUIERE.

• El Regaño Constante

El término "regañón" es derivado del griego que significa, "indignarse con enojo". Regañadientes — el censurar rápidamente o protestar, demostrando fuertes emociones sin control — nunca es un método apropiado para entrenar y guiar a un niño.

EFESIOS 4:29

NO SALGA DE VUESTRA BOCA NINGUNA PALABRA MALA, SINO SÓLO LA QUE SEA BUENA PARA EDIFICACIÓN, SEGÚN LA NECESIDAD DEL MOMENTO, PARA QUE IMPARTA GRACIA A LOS QUE ESCUCHAN.

• La hipocresía

Un padre que utiliza la Biblia para enseñar, corregir e instruir a sus niños en rectitud, pero no está dispuesto a practicar esa misma rectitud en su vida no es sólo un hipócrita sino también provoca en su hijo la desobediencia y el rechazo a Dios.

FILIPENSES 4:9

PRACTIQUEN TODAS LAS ENSEÑANZAS QUE LES HE DADO, HAGAN TODO LO QUE ME VIERON HACER Y ME OYERON DECIR, Y DIOS, QUE NOS DA SU PAZ, ESTARÁ CON USTEDES SIEMPRE.

• No admitir que estás equivocado.

El que un padre no admita las ofensas cometidas hacia sus hijos (y otros a quienes ha ofendido) a menudo desanima a los niños a tener una comunicación bíblica abierta. El niño percibirá la insensibilidad y el orgullo del padre y no estará preparado apropiadamente para pedir perdón a otros.

MATEO 18:15

CÓMO SE DEBE PERDONAR AL HERMANO POR TANTO, SI TU HERMANO PECA CONTRA TI, VE Y REPRÉNDELE ESTANDO TÚ Y ÉL SOLOS; SI TE OYERE, HAS GANADO A TU HERMANO.

• Encontrar faltas constantemente.

Los padres tienen la responsabilidad de señalar la conducta pecaminosa y otras deficiencias de carácter a sus hijos. No obstante, una actitud de crítica, de condena, acusadora o juzgadora mientras se corrige a un niño llevará al niño a pensar que sus padres no están complacidos con él/ella la mayoría del tiempo o nunca.

PROVERBIOS 19:11

ES DE SABIOS TENER PACIENCIA, Y ES MÁS HONROSO PERDONAR LA OFENSA.

SANTIAGO 2:13

PORQUE JUICIO SIN MISERICORDIA SE HARÁ CON AQUEL QUE NO HICIERE MISERICORDIA; Y LA MISERICORDIA TRIUNFA SOBRE EL JUICIO.

4. Disciplinar / Corregir

EFESIOS 6:4

...SINO CRIADLOS EN DISCIPLINA Y AMONESTACIÓN DEL SEÑOR.

PROVERBIOS 13:24

EL QUE DETIENE EL CASTIGO, A SU HIJO ABORRECE; MAS EL QUE LO AMA, DESDE TEMPRANO LO CORRIGE.

PROVERBIOS 23:13-14

NO REHÚSES CORREGIR AL MUCHACHO; PORQUE SI LO CASTIGAS CON VARA, NO MORIRÁ. LO CASTIGARÁS CON VARA, Y LIBRARÁS SU ALMA DEL SEOL.

Características de la disciplina y amonestación de Dios:

- Disciplinar exige disciplina propia.
- La forma es tan importante como la sustancia.
- La disciplina es justa cuando la consecuencia es conmensurada a la desobediencia y no al resentimiento acumulado en el corazón de quien disciplina.
- La disciplina se usa después de la instrucción y no como sustituto o método para la misma.
- La disciplina debe venir acompañada de compasión, misericordia, y amor. Nunca debe comunicar culpa, maldición, o el rechazo.

5. Entregar Bendición y Herencia a los hijos

1 PEDRO 1:3-5

BENDITO EL DIOS Y PADRE DE NUESTRO SEÑOR JESUCRISTO, QUE SEGÚN SU GRANDE MISERICORDIA NOS HIZO RENACER PARA UNA ESPERANZA VIVA, POR LA RESURRECCIÓN DE JESUCRISTO DE LOS MUERTOS, 4 PARA UNA HERENCIA INCORRUPTIBLE, INCONTAMINADA E INMARCESIBLE, RESERVADA EN LOS CIELOS PARA VOSOTROS, 5 QUE SOIS GUARDADOS POR EL PODER DE DIOS MEDIANTE LA FE, PARA ALCANZAR LA SALVACIÓN QUE ESTÁ PREPARADA PARA SER MANIFESTADA EN EL TIEMPO POSTRERO.

La bendición más grande y valiosa que puedas dejar a tus hijos es una vida de obediencia y servicio a Dios. Nada que les dejes material podrá compararse con el privilegio de conocer a Dios y de haber tenido padres que le enseñaran y modelaran una vida piadosa e integra. Tu fe y confianza en Dios harán que tus hijos se conviertan en recipientes de promesas eternas que están reservadas para aquellos que se esfuerzan por hacer la voluntad de Dios y por servirle.

Te compartimos algunas de ellas:

HECHOS 16:31

ELLOS DIJERON: CREE EN EL SEÑOR JESUCRISTO, Y SERÁS SALVO, TÚ Y TU CASA.

ISAÍAS 54:13

Y TODOS TUS HIJOS SERÁN ENSEÑADOS POR JEHOVÁ; Y SE MULTIPLICARÁ LA PAZ DE TUS HIJOS.

ISAÍAS 54:17

NINGUNA ARMA FORJADA CONTRA TI PROSPERARÁ, Y CONDENARÁS TODA LENGUA QUE SE LEVANTE CONTRA TI EN JUICIO. ESTA ES LA HERENCIA DE LOS SIERVOS DE JEHOVÁ, Y SU SALVACIÓN DE MÍ VENDRÁ, DIJO JEHOVÁ.

ISAÍAS 59:21

Y ESTE SERÁ MI PACTO CON ELLOS, DIJO JEHOVÁ: EL ESPÍRITU MÍO QUE ESTÁ SOBRE TI, Y MIS PALABRAS QUE PUSE EN TU BOCA, NO FALTARÁN DE TU BOCA, NI DE LA BOCA DE TUS HIJOS, NI DE LA BOCA DE LOS HIJOS DE TUS HIJOS, DIJO JEHOVÁ, DESDE AHORA Y PARA SIEMPRE.

ÉXODO 20:5-6

...PORQUE YO SOY JEHOVÁ TU DIOS, FUERTE, CELOSO, QUE VISITO LA MALDAD DE LOS PADRES SOBRE LOS HIJOS HASTA LA TERCERA Y CUARTA GENERACIÓN DE LOS QUE ME ABORRECEN, Y HAGO MISERICORDIA A MILLARES, A LOS QUE ME AMAN Y GUARDAN MIS MANDAMIENTOS

Hay gran bendición en amar a Dios y en obedecer sus mandamientos no solo para quien lo hace sino también para sus futuras generaciones. Esto no quiere decir que nuestros hijos serán salvos por nuestra fe. Ellos deberán decidir poner su fe en Jesucristo como lo hicimos nosotros, pero cuando nuestra fe es genuina agrada a Dios eso los acercará a Él. Las semillas que sembramos y regamos muchas veces con lágrimas en los corazones de nuestros hijos, Dios las hará crecer.

HEBREOS 11:6

PERO SIN FE ES IMPOSIBLE AGRADAR A DIOS; PORQUE ES NECESARIO QUE EL QUE SE ACERCA A DIOS CREA QUE LE HAY, Y QUE ES GALARDONADOR DE LOS QUE LE BUSCAN.

Hay gran recompensa para quienes ponen su fe en Jesús como su único Señor y Salvador. Aquellos que aman a Dios y escogen vivir sus vidas ocupándose del Espíritu y no de la carne.

ROMANOS 8:6-8

PORQUE EL OCUPARSE DE LA CARNE ES MUERTE, PERO EL OCUPARSE DEL ESPÍRITU ES VIDA Y PAZ. POR CUANTO LOS DESIGNIOS DE LA CARNE SON ENEMISTAD CONTRA DIOS; PORQUE NO SE SUJETAN A LA LEY DE DIOS, NI TAMPOCO PUEDEN; Y LOS QUE VIVEN SEGÚN LA CARNE NO PUEDEN AGRADAR A DIOS.

Así que enfoquémonos en dejar a nuestros hijos esta herencia incorruptible que Dios nos regala a aquellos que le amamos y le servimos de todo corazón.

COLOSENSES 3:23-24

Y TODO LO QUE HAGÁIS, HACEDLO DE CORAZÓN, COMO PARA EL SEÑOR Y NO PARA

LOS HOMBRES; SABIENDO QUE DEL SEÑOR RECIBIRÉIS LA RECOMPENSA DE LA HERENCIA, PORQUE A CRISTO EL SEÑOR SERVÍS.

Examen del Corazón

¿Cómo puedo parecerme más al Padre Celestial? Y ¿cómo puedo cumplir mis responsabilidades de padre/madre?

2 CORINTIOS 12:9-10

Y ME HA DICHO: BÁSTATE MI GRACIA; PORQUE MI PODER SE PERFECCIONA EN LA DEBILIDAD. POR TANTO, DE BUENA GANA ME GLORIARÉ MÁS BIEN EN MIS DEBILIDADES, PARA QUE REPOSE SOBRE MÍ EL PODER DE CRISTO. POR LO CUAL, POR AMOR A CRISTO ME GOZO EN LAS DEBILIDADES, EN AFRENTAS, EN NECESIDADES, EN PERSECUCIONES, EN ANGUSTIAS; PORQUE CUANDO SOY DÉBIL, ENTONCES SOY FUERTE.

Solo en Cristo podrás lograr ser el padre o madre que tus hijos necesitan y que Dios te creó para ser. Solo con la ayuda del Espíritu Santo lograrás crecer y madurar para dar vida. Él te guiará a toda verdad y si tu corazón se llena de La Verdad entonces las palabras que salgan de tu boca será vida y bendición.

PROV. 18:21

LA MUERTE Y LA VIDA ESTÁN EN PODER DE LA LENGUA,
Y EL QUE LA AMA COMERÁ DE SUS FRUTOS.

1 PEDRO 3:9-10

PORQUE: EL QUE QUIERE AMAR LA VIDA Y VER DÍAS BUENO, REFRENE SU LENGUA DE MAL, Y SUS LABIOS NO HABLEN ENGAÑO.

Es maravilloso tener la certeza de que Dios hará su obra en nosotros y en nuestros hijos si disponemos nuestros corazones para que Él obre conforme a su voluntad en nuestras vidas. Él siempre nos dará lo que es mejor para nosotros, lo que nos llevará a la plenitud de quienes somos.

Abriendo Nuestros Corazones

Hace algún tiempo en una de nuestras clases, un muchacho hizo la siguiente pregunta: ¿Qué tal si quiero algo que es bueno para mí, pero Dios no me lo da porque eso no es parte de su plan y mi deseo interfiere con su voluntad?

Quizás tú también te has hecho esta pregunta alguna vez o puede incluso que hayas pensado que algo que anhelas tu Padre Celestial no te lo dará porque tiene un plan diferente a pesar de que lo que quieres te parece bueno y razonable.

La respuesta está en la definición del amor. El AMOR NO BUSCA LO SUYO. ¿Lo recuerdas?

Como objeto del amor de Dios siempre vas a recibir de Su parte lo que te beneficia y no te daña. Cuando Dios no nos da algo que queremos, nunca es por egoísmo porque El Amor no es egoísta, así que nunca pondrá sus intereses antes que los tuyos; sino que nos protege de algo que creemos que es bueno para nosotros, pero no lo es. Recuerda, no eres esclavo sino hijo amado. Tu Padre Celestial se deleita en tu felicidad, pero también en tu crecimiento. La felicidad sin madurez nos lleva a la ingratitud, a la soberbia, al orgullo y a muchos otros pecados que nos alejarán de Dios y terminarán por destruirnos.

Mira a Jonás, en esta historia podrás vislumbrar al Padre Celestial. Quizás pudieras pensar que Dios obligó a Jonás a llegar a Nínive sin embargo nosotros nos inclinamos a pensar que Dios salvó a Jonás de su egoísmo y de su arrogancia al no permitirle salirse con la suya y huir de lo que Dios le había pedido que hiciera.

Aun más Dios le enseñó a Jonás y a nosotros a través de esta interesante historia que nuestros actos tienen consecuencias en la vida de otros para bendecirlos o para maldecirlos. No somos seres aislados. Somos seres interrelaciónales y hay propósito en que así sea. Cuando crees que te sacrificas no solo lo haces para otros sino también para ti, para tu propio crecimiento y madurez emocional y espiritual. ¡¡En obedecer a Dios siempre hay vida!!

Así que escojamos la vida y modelemos a nuestros hijos la obediencia a Dios. Dios no miente, Él cumplirá sus promesas y veremos su gloria si no desmayamos y perseveramos en someternos a su perfecta, buena y agradable voluntad para nuestras vidas.

ISAÍAS 55:11

ASÍ SERÁ MI PALABRA QUE SALE DE MI BOCA; NO VOLVERÁ A MÍ VACÍA, SINO QUE HARÁ LO QUE YO QUIERO, Y SERÁ PROSPERADA EN AQUELLO PARA QUE LA ENVIÉ.

GÁLATAS 6:8-10

PORQUE EL QUE SIEMBRA PARA SU CARNE, DE LA CARNE SEGARÁ CORRUPCIÓN; MAS EL QUE SIEMBRA PARA EL ESPÍRITU, DEL ESPÍRITU SEGARÁ VIDA ETERNA. NO NOS CANSEMOS, PUES, DE HACER BIEN; PORQUE A SU TIEMPO SEGAREMOS, SI NO DESMAYAMOS. ASÍ QUE, SEGÚN TENGAMOS OPORTUNIDAD, HAGAMOS BIEN A TODOS, Y MAYORMENTE A LOS DE LA FAMILIA DE LA FE.

Tenemos un Padre bueno y perfecto así que no nos conformemos a este mundo caído, ni a las mentiras que hemos creído o que otros quieren que creamos dejemos que nuestro Dios nos transforme para ser todo lo que fuimos creados para ser y seremos más como Jesús, seremos más como Dios. Seremos no solamente recipientes de vida sino vasijas útiles en sus manos para dar vida a otros.

Conclusión

Al inicio de este libro nos propusimos compartir contigo con humildad y amor lo que hemos recibido de Dios en años de relacionarnos con Él y ser transformados, sanados y edificados por su amor. Esperamos haberlo logrado. Te hemos animado a reconciliarte con Dios a través de su hijo Jesús, quien dio su vida por ti, para que puedas disfrutar de una relación personal con El Padre Celestial y gozarte con cada paso que das en el viaje a sus brazos.

A través de las enseñanzas compartidas y de los muchos versículos bíblicos usados para apoyarlas y hablar verdad a tu corazón, creemos haber contestado las preguntas más importantes que debe hacerse todo ser humano:

¿Quién soy?

Soy hijo de Dios si acepto a Jesucristo como mi Señor y Salvador, si creo que es el Hijo de Dios, que su sacrificio y muerte en la cruz me rediman y limpian de todo pecado, y que Dios Padre lo resucitó al tercer día y porque Él vive yo también viviré.

¿Qué hago?

Ahora que soy hijo debo hacer su voluntad porque es buena, agradable y perfecta para mí. Me permitirá madurar para ser todo lo que fui creado para ser y me llenará de gozo en el proceso.

¿Qué obtengo?

Sus bendiciones que me alcanzan no solo a mi sino también a mi descendencia y me capacitan para ser instrumento de Dios para dar vida a otros transformándome en un mejor hijo/a, mejor hermano, mejor amigo, mejor conyugue y mejor padre/madre. Sin dudas me pareceré más a Cristo y andaré en libertad mientras camine en este mundo caído con la esperanza de que viviré en el gozo de Su presencia por la eternidad.

Respondimos a estas preguntas presentándote a Jesús como El Salvador, El Redentor, El Reconciliador, La medida perfecta de la madurez y plenitud, El Camino, La Verdad y La Vida.

Hicimos que pusieras tus ojos en Jesús y al verlo a Él pudiste verte a ti mismo tal y como eres, exactamente donde estás en este momento de tu vida emocional y espiritualmente y también pudiste ver la meta o cómo te gustaría ser.

HEBREOS 12:1-2

POR TANTO, NOSOTROS TAMBIÉN, TENIENDO EN DERREDOR NUESTRO TAN GRANDE NUBE DE TESTIGOS, DESPOJÉMONOS DE TODO PESO Y DEL PECADO QUE NOS ASEDIA, Y CORRAMOS CON PACIENCIA LA CARRERA QUE TENEMOS POR DELANTE, PUESTOS LOS OJOS EN JESÚS, EL AUTOR Y CONSUMADOR DE LA FE, EL CUAL POR EL GOZO PUESTO DELANTE DE ÉL SUFRIÓ LA CRUZ, MENOSPRECIANDO EL OPROBIO, Y SE SENTÓ A LA DIESTRA DEL TRONO DE DIOS.

No te detengas, esperamos que este libro te haya inspirado a seguir adelante en tu crecimiento espiritual y sanidad del alma anhelando con más y más pasión conocer a Dios y tener con Él una verdadera relación de Padre-hijo.

FILIPENSES 3:13-14

HERMANOS, YO MISMO NO PRETENDO HABERLO YA ALCANZADO; PERO UNA COSA

HAGO: OLVIDANDO CIERTAMENTE LO QUE QUEDA ATRÁS, Y EXTENDIÉNDOME A LO QUE ESTÁ DELANTE PROSIGO A LA META, AL PREMIO DEL SUPREMO LLAMAMIENTO DE DIOS EN CRISTO JESÚS.

Únicamente en una relación genuina y profunda con Él podrás encontrar todo lo que anhelas y el propósito de tu existencia. Recuerda que aún hay mucho camino que recorrer, más verdad que conocer y años de vida por vivir. Solo nos hemos acercado a la inmensidad de quien es la eternidad y la plenitud de todo.

Dios te seguirá enseñando y guiando a través de su Santo Espíritu para que cada vez le conozcas más y te enamores más de Él porque te ama con amor eterno y tiene el mejor plan para tu vida.

ISAÍAS 48:17

ASÍ HA DICHO JEHOVÁ, REDENTOR TUYO, EL SANTO DE ISRAEL: YO SOY JEHOVÁ DIOS TUYO, QUE TE ENSEÑA PROVECHOSAMENTE, QUE TE ENCAMINA POR EL CAMINO QUE DEBES SEGUIR.

JEREMÍAS 31:3

JEHOVÁ SE MANIFESTÓ A MÍ HACE YA MUCHO TIEMPO, DICIENDO: CON AMOR ETERNO TE HE AMADO; POR TANTO, TE PROLONGUÉ MI MISERICORDIA

JEREMÍAS 29:11 (NVI)

PORQUE YO SÉ MUY BIEN LOS PLANES QUE TENGO PARA USTEDES AFIRMA EL SEÑOR, PLANES DE BIENESTAR Y NO DE CALAMIDAD, A FIN DE DARLES UN FUTURO Y UNA ESPERANZA.

ORACIÓN

Así que concluimos este libro orando por ti esta oración:

EFESIOS 3:14-21

POR ESTA CAUSA DOBLO MIS RODILLAS ANTE EL PADRE DE NUESTRO SEÑOR JESUCRISTO, DE QUIEN TOMA NOMBRE TODA FAMILIA EN LOS CIELOS Y EN LA TIERRA, PARA QUE OS DÉ, CONFORME A LAS RIQUEZAS DE SU GLORIA, EL SER FORTALECIDOS CON PODER EN EL HOMBRE INTERIOR POR SU ESPÍRITU; PARA QUE HABITE CRISTO POR LA FE EN VUESTROS CORAZONES, A FIN DE QUE, ARRAIGADOS Y CIMENTADOS EN AMOR, SEÁIS PLENAMENTE CAPACES DE COMPRENDER CON TODOS LOS SANTOS CUÁL SEA LA ANCHURA, LA LONGITUD, LA PROFUNDIDAD Y LA ALTURA, Y DE CONOCER EL AMOR DE CRISTO, QUE EXCEDE A TODO CONOCIMIENTO, PARA QUE SEÁIS LLENOS DE TODA LA PLENITUD DE DIOS. Y A AQUEL QUE ES PODEROSO PARA HACER TODAS LAS COSAS MUCHO MÁS ABUNDANTEMENTE DE LO QUE PEDIMOS O ENTENDEMOS, SEGÚN EL PODER QUE ACTÚA EN NOSOTROS, A ÉL SEA GLORIA EN LA IGLESIA EN CRISTO JESÚS POR TODAS LAS EDADES, POR LOS SIGLOS DE LOS SIGLOS.

Amén.

RECURSOS

Ministerios Internacionales El Redentor, Inc. ofrece los siguientes recursos para crecimiento emocional, espiritual, restauración de matrimonios y familias.

CAMINANDO HACIA LOS BRAZOS DEL PADRE

Juan 14:6

Programa de Sanidad Interior y
Crecimiento Espiritual
Reuniones Virtuales

UNIDOS POR DIOS

Marcos 10:7-9

Programa de sanidad y
Restauración para Matrimonios
Reuniones Presenciales y Virtuales

GUERREROS DE FE

Lucas 21:36

Usa la Armadura de Dios
Ayuno, Oración e Intercesión
Reuniones Virtuales

PADRES DE VALOR

Lamentaciones 2:19

Aprendiendo a ser los padres
que Dios nos creó para ser
Reuniones Virtuales

Para más información escribenos a **mielredentor@gmail.com**

ISAÍAS 48:17

ASÍ HA DICHO JEHOVÁ, REDENTOR TUYO, EL SANTO DE ISRAEL: YO SOY JEHOVÁ DIOS TUYO, QUE TE ENSEÑA PROVECHOSAMENTE, QUE TE ENCAMINA POR EL CAMINO QUE DEBES SEGUIR.